Mehr als du denkst

77 Namensgeschichten

Petrus Ceelen

MEHR ALS DU DENKST

77 NAMENSGESCHICHTEN

*mit Zeichnungen von
Karl Bechloch*

Copyright ©2014 Petrus Ceelen (Text)
und Karl Bechloch (Illustrationen)

Veröffentlicht 2014 bei
Dignity Press
16 Northview Court
Lake Oswego, OR 97035, USA

Kontakt zum Autor über
www.dignitypress.org/namensgeschichten
ISBN 978-1-937570-56-9

Inhalt

Rund um den Namen	11
Die Geschichte hinter den Geschichten	15
Eine krumme Tour	22
Axel Schweiß	25
Selbstverteidigung	26
Mariamagdalena und André	27
Ja, aber	28
Mamas Maximilian	30
Gehen Sie zum Teufel	32
Hinter dem Vornamen	33
Mensch und Tier	36
Uli und Schnulli	37
Das habe ich dir doch gesagt	38
Alles andere als ein Alois	39
Das Kreuz mit dem Namen	40
Von Michi zu Vanilla Medica	42
Wie aus Roland Roswitha wurde	43
Schöne Geschichten	44
Egal, wie du auch heißen magst	46
Heinrich, Konrad, Hinz und Kunz	47
Buona sera – Buona notta	48
Unter Wölfen	50
Jean Paul	51

Jesses, nee!	52
Furchtbar böse	54
Mein Gott, Walter	55
Mäuschen und Bärli	56
Christiane – im Krieg gekriegt	58
Milka, Lenor, Corodin	59
Wieder geboren	60
Sahne, wie heißt du eigentlich?	62
Doch, meine Mutter heißt Krokodil	63
Mein Name ist Hase	64
Klaus vom Dachsbuckel	66
Denk mal	67
Sie haben ja einen fetten Namen	68
Paulo	70
Choupette	71
Alles für die Katz	72
Chantal	73
Mercedes	74
Fips und Schnörkel	75
Unser Fürsprecher Michael	76
Hallo Horst	77
Leutle im Ländle	78
Am ersten Schultag	80
Der Doktor	82
Wie keiner sonst	83
Vögele gegen Fingerle	84
Das große Geheimnis	85
Josef hat seine Finger im Spiel	86

Conchita Wurst	88
Die hinkende Ballerina	89
Nomen est omen	90
Die Mausi, der Mausi	92
Ach du lieber Gott	93
Der Humpel-Toni und die Mösch	94
Goldige Gaby	96
Das Vögelchen	97
Ochs-Orff: Da ist Musik drin	98
Oerle-Läpple	101
Sir Henri	102
Frau Meier frisst schon wieder	104
Man gönnt sich ja sonst nichts	106
OK, KO & Co	107
Gotthilf – Traugott	108
Familie Katzer	109
Eine Sauerei	110
Wenn der Name unter die Haut geht	112
Schöne Bescherung	114
Nur noch eine Nummer, Minna	115
Sei du du!	116
Schall und Rauch?	118
Wo die Liebe hinfällt	120
Oh Maria	122
Aus Nummern werden Namen	124
Angela (B)engel	126
Hilfe!	127
Mein Name ist Mensch	128

In Dankbarkeit gewidmet

André, Alfons, Agnes
Bernard, Birgit, Beate Maria
Carlo, Christiane, Chantal, Choupette
Dieter, Doktor,
Edda, Erich, Ernst, Evelin
Franz
Gabriele, Gerlinde, Gigi, Günter
Heike, Herbert, Herrmann , Horst
Isabell, Isolde, Ingrid
Josef, Judith
Karl, Katrin, Kerstin, Klaus, Kriemhild
Lissy (†), Leo (†)
Marina, Michaela, Marianne, Martin, Melanie
Norberta (†)
Paulo, Peter
Roland, Rolf, Roswitha, Rudolf, Ruth
Sigrid, Swanhild, Sylvia
Traugott
Uli, Ulrike, Ute, Uwe
Vanilla Medica
Wolfgang

Rund um den Namen

Für jeden Menschen ist sein Name das schönste und bedeutungsvollste Wort in seinem Sprachschatz.
Dale Carnegie

Der Name ist ein Stück des Seins und der Seele.
Thomas Mann

Der Eigenname eines Menschen ist nicht etwa wie ein Mantel, an dem man allenfalls noch zupfen und zerren kann, sondern ein vollkommen passendes Kleid, ja wie die Haut selbst ihm über und über angewachsen.
Johann Wolfgang von Goethe

Bei der Namensgebung eines Sohnes muss man an die Frau denken, die ihn einmal aussprechen werden muss.
Barkey d´Aurevilly

Einen Namen hat man, wenn man keinen Wert mehr auf seine Titel legt.
Sigmund Graff

Leute, die einen Namen haben, müssen gefasst sein auf Zuschriften, die keinen haben.
Peter Rosegger

Ich war jetzt lang genug Nummer, um zu wissen,
was ein Leben ohne Name ist.
*Alfred Delp in seiner Todeszelle –
mit gefesselten Händen geschrieben*

Der gute Name ist bei Mann und Frau
das eigentliche Kleinod ihrer Seelen.
William Shakespeare

Ich habe dich bei deinem Namen gerufen.
Er steht in meiner Hand geschrieben.
Jesaja

Ein Leben dauert eine
Generation lang, ein guter
Name dauert fort.
Aus Japan

Der Name ist's, der
Menschen zieret, weil er das
Erdenpack sortieret –
Bist du auch dämlich, schief
und krumm: Du bist ein
Individuum.
Kurt Tucholsky

Mein Name ist Hase.
Ich weiß von nichts.
*Victor von Hase –
vor Gericht*

Der einzige Name, der den Menschen wirklich
charakterisiert, ist der Spitzname.
Unbekannt

Ein Spitzname ist der härteste Stein,
den der Teufel einem Menschen zuwerfen kann.
Thomas Fuller

Wenn man erst einmal einen Namen hat,
ist es ganz egal, wie man heißt.
Spontispruch

Der Name ist die älteste Wortform.
Martin Buber

Der Name, den man nennen kann, ist nicht
der ewige Name.
Tao Te King

Die Geschichte hinter den Geschichten

„Heißen Sie wirklich Petrus? Hunderte Male wurde ich das schon gefragt. Und wie oft löst mein Name nur Kopfschütteln aus! Und wenn ich am Telefon sage: „Hier ist der Petrus", kann es schon mal geschehen, dass am anderen Ende jemand verärgert den Hörer aufknallt: „Ich lasse mich doch nicht ver ..."

Ich weiß: Petrus ist ein Grenzfall. Mein Vater war Zöllner an der belgisch-niederländischen Grenze. In Belgien nennen mich alle Paul. Doch sobald ich in Aachen über die Grenze komme, bin ich (wieder) der Petrus. Wie ich zu meinem Namen gekommen bin, erzähle ich gleich am Anfang dieses Buches.

Viele Namensgeschichten sind ganz einfach. Weil die Leiterin des Schwangerschaftskurses Isabell heißt und dieser Name den Eltern gefällt, nennen sie ihre Tochter auch Isabell. – Bernd liegt mit einem Paulaner-Bier gemütlich im Liegestuhl, als er gerade Vater von einer Tochter geworden ist. Sie bekommt den Namen Pauline. – Heinrich und Rosemarie nennen ihre Tochter Heiderose, weil in diesem Namen auch die ihrigen drin sind. – Klaus heißt so, weil er am Nikolaustag zur Welt kam. – Evelin wurde von ihrer Mutter nach einem Roman genannt, der 1949 aktuell war: Eveline – der Roman einer Ehe. – Sven hätte Sascha heißen sollen, aber nachdem die Nachbarin ihren Hund schon Sascha rief, wollten die Eltern eine Verwechslung vermeiden. – Johanna nannte ihre Tochter so wie ihre Puppe: Emma. – Luther erhielt den Namen Martin, weil er am 11. November 1483 getauft wurde. Damals war es üblich, das Kind am Tag nach der Geburt zu taufen und ihm den Namen des Tagesheiligen zu geben. Damit stellte man das Neugeborene unter den Schutz seines Namenspatrons.

Der Namenstag ist in manchen katholischen Gebieten auch heute noch gleich wichtig wie der Geburtstag. Mitglieder in Ordensgemeinschaften feiern nicht ihren Geburtstag, sondern den Namenstag, nach dem sie im Orden benannt sind. Der Sterbetag des Namenspatrons war sein „Geburtstag im Himmel". Der Namenstag gewann nach der Reformation in der katholischen Kirche noch an Bedeutung, weil die Protestanten die Heiligenverehrung ablehnten. Die Pfarrer sollten dafür sorgen, dass den Kindern keine anstößigen oder lächerlichen Namen gegeben wurden. Und schon gar nicht solche, die den Sagen entnommen wurden oder von Götzen oder Heiden stammen.

Heute gibt es andere Vorbilder als Heilige. Nicht selten steht ein Sänger oder Star Pate für ein Neugeborenes. Nicht wahr Romy, Britney oder Elvis? Aber auch manches Meerschweinchen heißt wegen seiner Haarmähne Elvis.

Einige Kinder verdanken ihren Namen einem Schlager. „Marina, Marina, Marina, du bist ja die schönste der Welt." Auch Erika kann ein Lied davon singen, „und das heißt: Eer-ika." Und jedes Mal, wenn Resi ihren Namen hört, muss sie an das bayerische Lied denken: „Resi, i hol di mit mei´m Traktor ab." Wie konnte ihre Mutter nur zulassen, dass ihr schöner Name Theresia derart entstellt wird? Anna-Christiane ist nur die Chris und Hans-Joachim der Hajo. Und Prof. Dr. Johann Heinrich L. wird von seinen älteren Geschwistern immer noch Büb genannt, obwohl das Bübchen inzwischen auf die siebzig zugeht.

Swanhild war als Kind der Schwan oder das Schwänchen. Es hat lange gedauert, bis die schwanenschöne Kämpferin mit ihrem richtigen Namen angeredet wird. Aber ihre 89-jährige Cousine schreibt weiterhin in ihrer E-Mail: „Mein liebes

Schwänchen." Swanhild ist ja auch erst 72. Aus dem großen Maximilian wird meist Max oder Mäxchen. Die meisten mögen keine Verkleinerung ihres Namens. Sie möchten nicht klein geredet werden. Eveline duldet es nicht, Evi genannt zu werden: „Ich bin kein E-Vieh." Reinhold hat schon oft erklärt, dass er nicht Reinhard heißt. Trotzdem muss er mit „Reini" leben. Und Brigitte mag Biggi nicht.

Wir haben es nicht immer selbst in der Hand, wie wir von anderen genannt werden. Auch Eltern sind dagegen machtlos, was Kids aus dem Namen ihrer Kinder machen. Sebastian ist der Spasti, Ida Idiot, Mareike Made, Adrian Atilla, Astrid Arsch-tritt, Vicky Fick dich und Alberich wird als Zwerg veralbert. Und das Mädchen mit der Zahnlücke wird zum hundertsten Mal von den Klassenkameraden gefragt, wie sie denn heißt: Vi-vi-an. Werner Kalbskopf kam als Kind schon ins Stammeln, wenn er seinen Namen sagen musste und stottert heute immer noch.

Auch Hans Wurst weiß, dass viele sich über ihn lustig machen. Wie viel leichter hat es da Conchita Wurst! Kaiser Franz ist es wohl wurscht, dass er Franz Wurst genannt wird. Lustige Spitznamen sind oft auch peinlich. Dem Rothaarigen tut es weh, immer nur Ketschup genannt zu werden. Weil Sabine alles so genau nimmt, ist sie für die ganze Familie Frau Finanzamt. Harald Schmidt verdankt seinen Spitznamen Dirty Harry seinen oft beleidigenden Überspitzungen. Ein Versprecher, eine Fehlleistung genügt, um einen Spitznamen davon zu tragen. Einmal furzte der fromme Ferdinand in der Kirche so laut, dass er seitdem für alle nur noch der Forz ist.

Der Vorname soll mit Bedacht gewählt werden. Eltern bedenken aber oft zu wenig, dass ihr Kind den Namen ein Leben lang trägt, lebenslänglich. Was nutzt ein noch so melodisch klingender exotischer Name, wenn er schwierig auszusprechen ist oder häufig buchstabiert werden muss? Auch der schönste Name nutzt nichts, wenn man sich ihn nicht merken kann.

Bis vor einigen Jahren musste ein Vorname durch Hinzufügen eines Zweitnamens eindeutig als männlich oder weiblich erkennbar sein. Allerdings kommt so manches Kind mit unklarem Geschlecht auf die Welt. Intersexuelle Menschen binnen ein paar Wochen als Jungen oder Mädchen mit entsprechendem Namen ins Stammbuch einzutragen ist problematisch. Nach der Geschlechtsumwandlung kommt es dann auch zur Namensänderung.

Vor allem Frauen nehmen eines Tages einen neuen Namen an und taufen sich um. Aus Merry wird Veronika, aus Michaela Vanilla Medica.

Es ist kein Problem, seinen Rufnamen zu ändern. Jeder kann sich selbst so nennen, wie er angesprochen werden will. Um aber die eingetragenen Namen zu ändern, braucht es schwerwiegende Gründe. Nur wenn der Leidensdruck zu groß wird, kann der Vorname amtlich geändert werden.

In Dänemark bekommt jeder zu seinem 18. Geburtstag die Möglichkeit, sich einen neuen Namen zu geben. Dadurch verschwindet aber auch ein Stück Lebensgeschichte. Unser Name war das erste Wort, das man an uns richtete.

Nichts ist uns von Anfang an so vertraut wie unser persönlicher Name. Wie oft haben wir ihn schon gehört. Von einem lieben Menschen bei unserem Namen genannt zu werden, kann wie ein Streicheln über die Haare sein. Manchmal sind wir angenehm überrascht, dass jemand uns mit unserem Namen anspricht. „Was, Sie kennen mich noch? Sie wissen noch, wie ich heiße!?" Es tut gut, wenn andere sich namentlich an uns erinnern. Umgekehrt ist es uns peinlich, jemanden zu fragen: „Wie heißen Sie noch?" Auch wenn wir uns mit unserem schlechten Namensgedächtnis entschuldigen, weiß der andere ganz genau: Wenn ich ihm wirklich wichtig wäre, würde er meinen Namen nicht vergessen. Anerkennung eines Menschen fängt damit an, dass ich seinen Namen kenne.

Wie findest du deinen Namen? Passt er zu dir? Passt du zu ihm? Du kannst deinen Namen erst gut finden, wenn du dich selbst gefunden hast.

Nomen est omen. Mein Name sagt mir, wer ich bin, was wesentlich in meinem Wesen ist. Ein Romanschriftsteller wie Balzac wählt die Namen seiner Personen nach den Charakteren, die er ihnen gibt. Der Name als Ausdruck der Persönlichkeit. Alte Völker glaubten sogar, dass der Name das Schicksal beeinflusse. „Wer den Namen ändert, kann den göttlichen Beschluss wandeln", sagte ein Rabbiner. Schon die Germanen sprachen dem Namen eine Art unauslöschliche Kraft zu. Und so war es üblich, dem ältesten Enkel den Namen des Großvaters zu geben, damit seine Kraft und Stärke auf seinen Kleinsohn übergeht. Auf diese Weise konnte man den Enkel auch von seinem Vater unterscheiden.

Wer als Sohn den Namen des Vaters bekommt, wird damit auch nicht immer glücklich. So ist der 58-jährige Heinz für andere immer nur das Heinzle, der Sohn vom Heinz.

Im Mittelalter war nur ein Name üblich. Der Rufname wurde durch einen Beinamen ergänzt: Sohn oder Tochter des Soundso. Und so entstand durch Vererbung der Familienname, der ab dem 15. Jahrhundert im deutschsprachigen Gebiet üblich war.

Bei den Orientalen ist es teilweise immer noch Sitte, das Kind nach dem Vater zu benennen. Jeschua ben Joseph wurde Jesus genannt. Er bekam wie alle Juden seinen Namen am

Tag der Beschneidung. Entsprechend empfangen Säuglinge bei der Taufe ihren Namen.

Hinter so manchem Namen steckt nicht selten eine lange Leidensgeschichte. Viele Frauen tragen immer noch den Namen des Mannes, den sie nicht mehr lieben, oder vielleicht sogar hassen. Zum Glück haben Frauen inzwischen die Möglichkeit, ihren Namen in der Ehe zu behalten. Emanzipation wurde in Belgien schon immer groß geschrieben. Dort nahmen die Frauen noch nie den Namen des Mannes an. Auch nach fünfmaliger Scheidung bleibt die Frau sich selbst treu und behält ihren Namen. Mittlerweile übernehmen auch Männer den Namen der Ehefrau, nicht selten weil ihr eigener Name einen schlechten Ruf hat. Wer bei der Justiz und Polizei verrufen ist, freut sich auch, wenn sein Kind nicht seinen Namen tragen muss. Bei allem Respekt vor Doppelnamen; sie machen es uns nicht immer einfach. Über Frau Sabine Leutheusser-Schnarrenberger ist schon so mancher Nachrichtensprecher gestolpert. Und wenn dann Prof. Dr. Klinkhammer-Mannshardt sich noch mit Frau Dr. Barbara-Pia Mannstein-Stichelsfelder vermählt und ihre Kinder auch noch einen Doppelnamen bekommen, sehnt man sich die gute alte Zeit herbei, als der Vorname genügte, um einen Menschen zu benennen!

Geht es dir manchmal auch so? Wenn ich Ina höre, sind meine Gedanken zunächst beim Dackel eines Freundes und dann erst bei der Frau eines Kollegen. Interessant, wie frei wir assoziieren. Wer weiß, was andere mit unserem Namen verbinden. Als Alfons Stetter sich am Telefon meldet, antwortet sein überaus freundliches Gegenüber öfter „ja sicher, Herr von Stetter." Und immer wieder sagt er zustimmend „Aber ja, Herr von Stetter." Bis Alfons Stetter kapiert hat: Al von

Stetter. Klar! Da lohnte es sich auch nicht mehr, noch zu widersprechen.

Zahlreiche Familiennamen sind vom ausgeübten Handwerk abgeleitet: Schmidt (Schmied), Schlosser, Wagner (Wagenradbauer), Weber, Schneider, Müller, Meyer (Verwalter), Beck/Becker (Bäcker). Heute kann auch ein Metzger ein Maurer sein – und ein Maurer ein Maler. Wenn Handwerker Heiny sich am Telefon meldet, hört er am anderen Ende: „Selber Heini". Und das mindestens ein Mal pro Woche.

Viele Familiennamen leiten sich ab von der Herkunft ihrer Träger: Frank kommt aus Franken, Böhm aus Böhmen, Hess aus Hessen, Pohl aus Polen – und Ceelen kommt dann wohl aus dem Himmel: coelum. Coelestinus, der Himmlische, nannten sich einige Päpste. Mein Papa war noch päpstlicher als der Papst und nannte mich Petrus. Meine Namensgeschichte steht auf einem anderen Blatt und ist ein Kapitel für sich.

Petrus Ceelen

Eine krumme Tour

Eigentlich hätte ich Marie Louise oder Marie Therèse heißen sollen. Denn meine Mutter wollte nicht schon wieder einen Jungen haben. Sie wollte, dass ich Paul heiße. So machte sich mein Vater mit dem Fahrrad auf dem Weg zum Rathaus, um meine Geburt eintragen zu lassen. Zuvor ging er aber mit unserem Nachbarn Jan noch ein Pintje auf seinen dritten Sohn trinken. In unserer Straße, der Lepelstraat, gab es nicht weniger als achtzehn Wirtschaften. Nach der Kneipentour muss mein Vater dann auf dem Rathaus die Apostel Petrus und Paulus wohl verwechselt haben, denn er gab an, sein Sohn solle Petrus heißen. „Ein schöner Name", sagte der Standesbeamte und auch Jan war voll dafür. Ferner bekam ich die Namen Henricus, Mathieu. Von Paul keine Spur. Meinem Papa war der Name Paul wohl zu gering, denn Paulus bedeutet der Kleine.

Bei seiner Heimkehr behielt mein Vater alles, was da geschehen war, in seinem Herzen. So hatte meine Mutter keine Ahnung wie ihr „Pauleke" wirklich hieß. Ein Jahr später entdeckte sie im Familienstammbuch meinen wahren Namen. Da las sie meinem Vater die Leviten, doch betont nüchtern sagte dieser zu allem Ja und Amen. Meine Mutter war ratlos und begab sich auf das Rathaus. Dort flehte sie den Standesbeamten an, aus dem Petrus einen Paul zu machen. Doch eher wird aus einem Saulus ein Paulus. Es blieb also bei Petrus, aber meine Familie nannte mich weiterhin Paul.

Als Kind hatte ich lange Locken, so dass die Namen Marie Louise oder Marie Therèse mir gut gestanden hätten. Ich war aber kein Mädchen, sondern ein Junge namens Paul, der

Petrus hieß. Immer den falschen Namen mit mir herumzutragen, war auf Dauer unerträglich. Da nahm ich eines Tages meinen Personalausweis und schrieb über den Namen Petrus „genannt Paul". Damit bekam ich bei der Polizei große Probleme, denn man darf seinen Namen nicht eigenhändig abändern. Ich erhielt einen neuen mit dem alten Namen. Erst recht wurde es schwierig, als sich beim Abitur herausstellte, dass ich gar nicht Paul Ceelen bin. Ich musste auf allen Prüfungsarbeiten meinen Namen Paul durchstreichen und Petrus darüber schreiben.

Als ich zum Studium nach Deutschland ging, gab ich gleich meinen richtigen Namen an, denn ich wusste, dass die Deutschen immer alles ganz genau nehmen. Allerdings nannte man mich Peter, denn so sagte man mir: „Petrus heißt doch kein Mensch." Obwohl ich das Hin und Her mit meinem Namen gar nicht lustig fand, hatte es doch auch einen Vorteil: Ich konnte oft Namenstag feiern und so richtig am 29. Juni: Peter und Paul!

Beim Aufschließen der Gefängniszellen habe ich oft an den Heiligen mit den Schlüsseln gedacht. Auch ich bin ein Petrus, so wie es mein Vater damals schon vorausgesehen hat. Und ich bin ihm heute noch dankbar für seine krumme Tour durch die Lepelstraat.

Axel Schweiß

Überglücklich hielt die Mutter ihren Jungen in den Armen, wusste aber immer noch nicht, wie sie ihn nennen sollte. Monatelang hatte sie mit ihrem Mann alle möglichen Namensbücher von A–Z gewälzt, aber am Ende waren sie immer noch bei Adam und Eva. Sie wollte einen Egon, aber bei diesem Namen musste ihr Mann immer an seinen Abteilungsleiter denken, den er überhaupt nicht riechen konnte. Sein Lieblingsname Martin kam für seine Frau aber nicht in Frage, denn die Martinsgänse taten ihr furchtbar leid.

Während beide ihren Jungen immer noch ratlos anschauten, kam die Mutter auf eine Idee. „Du gehst unten im Krankenhaus in die Telefonzelle, öffnest das Telefonbuch mit verschlossenen Augen und tippst mit dem Finger auf irgendeinen Namen." So gesagt, so getan. Als der gute Mann die Augen öffnete, las er Axel. Immer noch besser als Egon – oder Martin, dachte die Mutter.

Axel musste sich schon im Kindergarten daran gewöhnen, dass andere ihn Alex nannten. In der Schule wurde er Axel Schweiß gerufen! Und als er dann endlich eine Freundin hatte, sagte sie ihm schnippisch: „Du bist mir ein richtiger Axel. Nirgends riechst du so gut wie unter deinen Axeln."

Selbstverteidigung

Dr. Klaus W. Habicht steht unter jedem seiner Leserbriefe. Warum ist ihm das W so wichtig? – „Mein Name ist Edwin, aber mit y." Nervt es ihn nicht, wenn er ein Leben lang mit y dazusagen muss? – „Ich heiße Gabriele und nicht Gabriela." Es klingt nach Selbstverteidigung. Viele hängen buchstäblich an einem Buchstaben, als ob ihr ganzes Selbstwertgefühl davon abhinge. „Helfrid ist mein Name, aber hinten ohne ‚e' – wie Esel." – „Ich heiße Bernard – und nicht Bern-hard. Und ich kann es schon gar nicht leiden, wenn jemand mich Bernd nennt und die Geburtstagskarte dann auch noch an Berndt adressiert ist."

Hans-Jürgen kriegt die Krise, wenn andere ihn „Hansi" nennen. „Ich bin doch kein Wellensittich", sagt der zwei Meter lange Kerl. „Hansi klingt wie Hänschen klein und ist mir viel zu kumpelhaft." Dabei redet er selbst von Jogi, Poldi, Schweini. Hans-Jürgens Freundin Friderike freut sich, wenn er sie Fritzi nennt.

Barbara hat schon tausend Mal klar gestellt: „Mein Name ist Barbara und nicht Babs und auch nicht Bärbel." Voller Wut schmeißt sie den Hörer hin, wenn sie am anderen Ende jemand fragt: „Bist du es Bärbel?" Und als ihr Freund sie beim Liebesspiel am Strand zärtlich „Babsilein" nannte, hat sie ihn nackt in die Wüste geschickt.

„Warum reagierst du denn so wüst?", fragt ihre Schwester. „Zu mir sagt man doch auch Usch oder Schischi oder Ulla. Und mein Süßer nennt mich Bärchen. Aber das alles höre ich doch noch viel lieber als meinen richtigen Namen: Ursula."

Mariamagdalena und André

Die Eltern von Maria und Magda waren davon ausgegangen, dass sie nun ein drittes Mädchen bekämen. Das sollte Lena heißen. Denn dann bräuchte man nur Mariamagdalena rufen, um die drei Mädchen zum Essen zu bitten. Doch als dann ein Junge zum Vorschein kam, waren auch die Vorteile von nur einem biblischen Namen dahin. Und wo in der Eile einen Namen herzaubern? Die Namen des Paten und des Opas kamen als Rufname nicht in Frage. Viele Jungennamen waren in der recht großen Verwandtschaft bereits vergeben. Und das führt bekanntlich zu Verwechslungen, erst recht wenn alle in der gleichen Gegend wohnen. Verschiedene Namen wurden vorgeschlagen, aber man konnte sich nicht einigen. Auch Rudolf, der Favorit der Oma, wurde von der Mutter abgelehnt.

Die nicht enden wollende Namenssuche nervte die Klosterschwester, die schon die Taufe in der Krankenhauskapelle vorbereitet hatte. Sehr effektiv schlug sie den ratlosen Eltern vor, doch den Heiligen des Tages zu nehmen. Aus dem noch offen liegenden Messbuch ließ sich sofort entnehmen: Andreas. Damit es sich nicht zu sehr apostolisch anhört, etwas kürzer und zweisilbig zu rufen: André.

Die Eltern waren gleich einverstanden und auch der Oma gefiel der Name. André – der Männliche, der trotz seiner schönen Locken keine Lena sein wollte, genoss jedes Jahr am 30. November die Riesentorte seiner Mutter zu seinem Namens- und Geburtstag!

Ja, aber

Jonas musste per Kaiserschnitt geholt werden. „Du weißt, dass der Prophet Jonas erst nach drei Tagen und Nächten aus dem Fischbauch gerettet wurde!" – „Ja. Mutter, aber unser Jonas stammt nicht aus der Bibel. Jonas war eine Fernsehserie. In den Hauptrollen spielen Bandmitglieder der Jonas Brothers."

Beide hatten lange gesucht, um einen außergewöhnlichen Namen zu finden. Schließlich waren sie fündig geworden: Esmeralda – „Ja, aber Esmeralda hieß doch auch das Mädchen, das der einäugige Glöckner von Notre Dame liebte. Es wurde von Zigeunern entführt."

Kurz vor der Geburt war die frühere Nachbarin zu Besuch und erkundigte sich nach dem vorgesehenen Namen: Axel. „Axel? Ja, aber so heißt doch unser Köter."

„Agnes-Bettine ist so ein schöner Name." – „Ja, aber was habe ich davon? Alle nennen mich nur Tini, wie so ein Meerschweinchen."

Seit dem deutschen Papst werden noch mehr Jungen Benedikt getauft. Ist ja auch ein schöner Name. Benedikt: der Gesegnete. Bent ist die dänische Kurzform von Benedikt. Als Bent sich in England vorstellte: „I´m Bent", merkte er, dass andere darauf „komisch" reagierten. Bei den Briten ist bent ein anderes Wort für homosexuell.

Rebekka. „Das hätte ich nie gedacht", sagt die Oma, „dass ihr eurem Mädchen einen biblischen Namen gebt." – „Ja, aber Rebekka ist auch eine Sängerin aus Norwegen, die über drei Oktave singen kann. Und es gibt ein bekanntes Musical, das auch so heißt wie unsere Tochter."

Es war einmal eine „Rote Emma". Sie wuchs zusammen mit „Hermanns Blaue" auf weit oben in Schleswig Holstein. Es ging ihnen gut und sie hofften auf ein langes Leben. Aber dann kam das Todesurteil. Biobauer Hermann musste seine geliebten Erdäpfel aufgeben. Wo einst die Rote Emma wuchs, steht nun Mais für die Biogasanlage.

Mamas Maximilian

Adelheid wäre am liebsten eine richtige Adelige gewesen, mit einer Vielzahl von Vornamen aus der ganzen Ahnengalerie – wie zum Beispiel der von ihr hoch verehrte Karl-Theodor Maria Nikolaus Johann Jacob Philipp Franz Joseph Sylvester Freiherr von und zu Guttenberg.

Wenn ihr eigener Sohn schon kein blaues Blut in sich hat, soll er wenigstens einen altehrwürdigen Namen tragen: Maximilian Franz-Josef. Mit Bindestrich. Das ist verbindlicher. Kaum ist Maximilian Franz-Josef im Kindergarten, nennen alle ihn Max. Das kann seine Mutter natürlich nicht durchgehen lassen. Täglich belehrt sie ihren Jungen, wie er sich gegen die unwürdige Abkürzung zu wehren habe: „Ich heiße nicht Max, sondern Maximilian. Und das bedeutet der Größte." Aber die Kleinen sagen weiterhin nur Max zu ihm oder nennen ihn Maxi Taxi. Mehrmals wird seine Mutter bei den Kindergärtnerinnen vorstellig. Ihr Einwand, dass 10 Buchstaben sehr lang sind um auszusprechen, lässt sie nicht gelten. „Mein Name Adelheid ist auch nicht gerade kurz, aber zu mir hätte früher niemand nur „Adel" gesagt. Das Problem ist, dass die Kinder heutzutage keinen Respekt mehr haben. Viele nennen sogar ihren Vater oder ihre Mutter bei ihren Vornamen. Das wäre zu unserer Zeit undenkbar gewesen."

Ein paar Tage später liest Adelheid in der Zeitung den Leitartikel über Werteverfall: Auf den Hund gekommen. Dem kann sie nur beipflichten. Doch dann fällt Maximilians Mama fast in Ohnmacht, als sie auf der letzten Seite die Todesanzeige sieht: Wir trauern um MAXIMILIAN, unseren geliebten Dackel.

Gehen Sie zum Teufel

Es war einmal ein Junge, der hieß Theo Teufel. Als die Klassenkameraden ihm immer die Hörner zeigten, sagte er eines Tages zu seinen Eltern, dass er nicht länger seinen Namen tragen wolle. Die Eltern versuchten ihn zu beruhigen und erklärten ihm, dass die Kinder ganz doof seien, die noch an einen Teufel mit Hörnern glaubten. Und der Vater versicherte seinem Sohn, dass er auch nichts dafür könne, als Teufel auf die Welt gekommen zu sein. So blieb Theo Teufel nichts anderes übrig als sich mit seinem Namen abzufinden. Es gab aber immer wieder Situationen, wo er sich selbst zum Teufel wünschte. So im Religionsunterricht, als der Pfarrer hämisch lächelnd sagte: „Es gibt auch den Satan in Menschengestalt, nicht wahr, Theo Teufel?" Später studierte der „Satanssohn" Psychologie. Bald hatte TT einen so guten Ruf, dass die Leidgeplagten von überall her in seine Praxis kamen. Und wenn Ärzte nicht mehr weiter wussten, sagten sie zu ihren verdutzten Patienten: „Ich gebe Ihnen einen guten Rat. Gehen Sie zum Teufel."

Hinter dem Vornamen

Wolfgang war ein Mädchen: Susanne. Und auch Christine hätte eigentlich Wolfgang sein sollen. Beim dritten Kind war der Vater sich sicher: Diesmal wird es ein Wolfgang. „Aber wenn es nun doch wieder ein Mädchen ist, wie soll es denn heißen?" – „Isolde", sagte der Mann beim Verlassen des Zimmers. Und so bekam die dritte Tochter den Namen Isolde. Sie entdeckte 50 Jahre später auf dem Speicher Liebesbriefe ihres verstorbenen Vaters an Isolde.

Die Eltern hatten schon eine Tochter: Bernadette. Nun hofften sie sehnlichst auf einen Jungen. Der Name stand auch schon fest: Georg – wie der Patenonkel. Aber es war wieder ein Mädchen. Aus Georg wurde Georgine, die diesen Namen gar nicht mochte. Erst recht nicht, als sie erfuhr, dass Georgine die Bäuerin bedeutet. So war sie froh, dass sie meistens Gigi genannt wurde. Ihr Patenonkel Georg hatte selbst keine Kinder und vererbte ihr später sein Haus. Gerade zu der Zeit, als Gigis Mann sie wegen einer anderen verlassen hatte. Da blieb ihr wenigstens das Haus – eine willkommene Entschädigung für den ungeliebten Namen.

Marion hat Alexander geliebt, aber er hat nichts davon gewusst. Als sie dann einen Sohn bekam, hätte sie ihm am liebsten seinen Namen gegeben, aber dann wäre es vielleicht doch noch herausgekommen. Darum nannte sie ihren Jungen nur mit dem Zweitnamen Alexander und verewigte so ihre heimliche Liebe.

Der Junge bekam den bei uns seltenen Namen Adrian. Dabei dachten seine Eltern nicht an die Päpste namens Hadrian, sondern an ihren wunderschönen Urlaub an der Adria – vor neun Monaten.

„Ich heiße Chris", sagte sie, als sie den hübschen Carlo kennenlernte. Denn der Name Christine hatte ihr schon immer gut gefallen. Und so bekam die „innamorata Chris" die feurigsten Liebesbriefe, die sie ganz dahinschmelzen ließen. Und wie der bellissimo Carlo singen konnte: O' sole mio! Bevor „Chris" mit ihrem Capitano in den Hafen der Ehe einfuhr, „beichtete" sie ihm ihren wahren Namen: Gerlinde. – „Gjscherlinde!" rief Carlo, „mama mia! Als dann ihre Tochter geboren wurde, bekam sie den Namen, den Gerlinde schon immer so gerne gehabt hätte: Christine. Und Carlo war gleich wieder Feuer und Flamme für seine Chris.

Beide Omas hießen Josephine und wollten, dass die Enkelin ihren Namen bekommt. Doch den „Jungen" war Josephine zu altmodisch und sie einigten sich, dass ihr Mädchen entweder Katrin oder Silke heißen soll. Die Mutter sagte zu ihrem Mann: „Auf dem Weg zum Rathaus kannst du dir überlegen, welchen der beiden Namen am besten zu unserer Tochter passt: Katrin oder Silke." So gesagt, so getan. Als er heimkam, fragte ihn seine Frau gespannt: „Silke oder Katrin?" – „Gabriele", antwortete er. – „Aber wieso denn das?" – „Unterwegs ist mir immer wieder der Engel Gabriel in den Sinn gekommen und darum habe ich unser Mädchen Gabriele genannt."
Vier Jahre später war Gabrieles Mutter wieder schwanger. „Doch diesmal bestimme ich, wie unser Kind heißt", erklärte sie resolut. „Und da lass ich mir von niemandem hereinreden.

Auch von keinem Erzengel Gabriel." Auf die Namensvorschläge ihres Mannes ging sie gar nicht ein. Und auch die Omas hatten nichts zu melden. Erst nach der Geburt gab sie der höchst neugierigen Verwandtschaft den Namen des Jungen bekannt: Holger.

Hinter manchem Vornamen steckt ein Hintergedanke, hintergründig, manchmal auch ein wenig hinterfotzig.

Mensch und Tier

Henriette wird von ihren Klassenkameraden Henne genannt. Das mögen ihre Eltern gar nicht hören. Henriette selbst stört es nicht, die Henne zu sein. Aber das Lehrerehepaar kann sich nicht damit abfinden dass ihre Tochter wie ein Tier gerufen wird. Henne – als sei sie ein dummes Huhn.

Ochsenknecht ist für einen Bürgermeister kein guter Name. „Ochsen gehören aufs Feld und nicht aufs Rathaus." Aber der sogenannte Hornochse frisst 276 Arten Kräuter, 218 lässt er stehen, weil sie ihm schaden.

Kuh im Familiennamen zu tragen kann zu spöttischen Bemerkungen führen. Dabei weiß die Kuh aus 70 Kilogramm Gras täglich 16 Liter Milch zu machen.

Affemann klingt nicht besonders klug. Aber Prof. Dr. Dr. Affemann hat als Buchautor einen renommierten Namen. Der Psychologe lässt uns tiefer schauen. Wir schimpfen schamlos auf Tiere, wenn wir andere beschimpfen: Du Affe! Dumme Kuh! Blöder Ochse! Doofes Huhn! Unsere Mitgeschöpfe können doch nichts dafür, dass wir so dämlich sind, sie doof zu finden. Nicht wahr, Henne?

Uli und Schnulli

„Du hast etwas an dir, was ich besonders mag", versicherte ihr Uli. „Ich habe ja auch ein L mehr als du", scherzte Ulli. – „Und du bist doppelt so lustig und lebhaft wie ich", gab Uli zurück. – „Aber auch mit nur einem L bist du einfach liebenswert", sagte Ulli lieblich lächelnd. Uli und Ulli schworen sich lebenslange Liebe.

Aber ein Jahr ist auch schon lang. Langsam wurde auch das Liebesleben langweilig. Und Uli merkte, dass die lebenslustige Ulli auch sehr launisch war. Schon am frühen Morgen lief ihr öfters eine Laus über die Leber. Übel gelaunt stand sie auf und wehe, wenn Uli ihr in die Quere kam. Ulli konnte an Uli nicht leiden, dass er so lax, ja lahm war. Um ihn auf die Palme zu bringen, nannte sie ihn Ulrich. Und Uli brauchte zu ihr nur „Schnulli" sagen und schon war sie auf hundertachtzig. „Wenn du mich noch ein Mal so nennst, dann ..." So kam es, dass Uli und Ulli öfters kein Wort mehr miteinander redeten.

Als beide wieder einmal nur schriftlich miteinander verkehrten, legte Uli auf Ullis Nachttisch einen Zettel: „Um sieben Uhr wecken." Am nächsten Tag erwacht er um acht Uhr und findet auf seinem Zettel: „Du, wach auf, es ist sieben." Da ist dem lieben Uli eine Laus über die Leber gelaufen. Doch als Ulli abends heim kam, sprach er wieder mit ihr und begrüßte „Schnulli".

Das habe ich dir doch gesagt

„Das habe ich dir doch gesagt. Aber du hörst ja nicht auf mich!" Diesen Satz bekam ihr Mann immer wieder zu hören. Als nun ihr Kind unterwegs war, wollte er, dass sein Sohn so heißt wie der Zauberer in der Artussage: Merlin. Doch seine Frau hielt nichts von diesem zauberhaften Namen und freute sich, dass es ein Mädchen war. Es sollte Madlen heißen, aber damit war ihr Mann nicht einverstanden. Und als er dann noch hörte, dass hinter Madlen eigentlich Maria Magdalena steht, sagte er ihr: „Weißt du überhaupt, was das für eine war? Eine Hure!" – „Aber sie war es, die Jesus besonders liebhatte", konterte seine Frau. „Das ist mir egal", antwortete er, „ich will einen Namen, wo mein Merlin drin ist." Schließlich einigten sie sich auf den Kompromissnamen Malin.

Doch als dann ihr Mann beim Googeln herausfand, dass Malin die schwedische Kurzform von Magdalena ist, war er stinksauer und rief: „Ja, dann hätten wir sie auch gleich Madlen nennen können." Worauf seine Frau nur erwiderte: „Das habe ich dir doch gesagt. Aber du hörst ja nicht auf mich!"

Alles andere als ein Alois

Alois – wie hatten seine Eltern ihn nur nach dem „engelreinen" Aloysius von Gonzaga benennen können!? Alwis, der allwissende, der Name hätte ihm viel besser gefallen. Oder Elvis. Aber doch nicht Alois, diese blutleere Gestalt! Aloysius hatte die Augen stets vor dem weiblichen Geschlecht niedergeschlagen, ja es nicht einmal gewagt, seiner eigenen Mutter ins Angesicht zu schauen. Die gesenkte Kopfhaltung ging selbst seinen strengen Erziehern zu weit. Sie zwangen den Knaben, einen hohen, steifen Kragen zu tragen, damit er nicht länger scheu auf den Boden schauen konnte. Den brauchte der bayerische Alois nicht. Er machte den Mädchen schöne Augen und verdrehte ihnen den Kopf. Alois wurde bald Casanova genannt und war genau das Gegenteil von seinem Namenspatron. Statt in der Kirche saß der Bayer lieber im Hofbräuhaus, wie der Engel Alois, der Münchner im Himmel. O Gott! Morgens in der Früh schon frohlocken und den ganzen Tag Luja singen, das muss die Hölle sein. „A Manna, kriag i! A Manna!"

Alois brauchte immer mehr Manna, erst recht nachdem seine Mutter die Krankheit hatte, die nach Alois Alzheimer benannt wurde. Er selbst vergisst öfters die Zeche zu zahlen und kann nur schmunzeln über den Spruch in seiner Stammkneipe: Wer hier trinkt, um zu vergessen, wird um Vorauszahlung gebeten.

Alois trank sich öfters Mut an, bevor er seine Mutter im Heim besuchte. Es war schlimm für ihn, dass sie ihn nicht mehr erkannte. Als seine Mama dann aber im Sterben lag und er ihr die Hand hielt, richtete sie sich noch einmal auf uns sagte: „Alois. Danke."

Das Kreuz mit dem Namen

Beate hatte mit dem Ordenseintritt die Möglichkeit, einen neuen Namen zu wählen. Zuerst dachte sie daran, sich nach einem Heiligen zu nennen, in dessen Spuren sie ihren Weg gehen wollte. Aber dann hat sie doch gemerkt, dass der Name Beate zu ihr gehört und sie ihn nicht so einfach tauschen kann. Denn damit hätte sie einen Teil ihrer Persönlichkeit abgelegt. Weil aber alle Schwestern bei den Franziskanerinnen von Gegenbach den Namen Maria tragen, heißt sie nun Schwester Beate Maria – und ist immer noch die „die Selige, die Glückliche".

Manche Schwestern tragen einen Namen, der sich bestens für ein Waschmittel eignet: Albina, Purissima, Immaculata – ohne Flecken. Die Bräute Christi werden oft nach einem Mann der Mutter Kirche benannt: Aloisia, Benedikta, Bonifatia, Cyrilla, Dominika. Dem Namen nach sind viele Klosterfrauen nur ein Anhängsel des Mannes: Norberta, Rudolfa, Isidora, Waltera, Edmunda, Gebharda. Manche Männernamen lassen sich jedoch nicht verweiblichen. Dann muss Schwester Bruno ihren Mann stehen genauso wie Schwester Bonaventura. Umgekehrt gibt es nirgends einen Pater Hildegard und schon gar keinen Bruder Sexburga – wie eine heilige Äbtissin hieß.

Der Name Deoflora klingt auch nicht so schön, aber wenn die Schwester weiß, dass sie eine Blume Gottes ist, fühlt sich der Name schon ganz anders an.

Die Namenskreationen bei Klosterfrauen stammen noch aus der Zeit, als es rund 100 Neueintritte im Jahr gab. Um die Einzigartigkeit jeder einzelnen Schwester auszudrücken, wurde jeder Name nur ein Mal in der Gemeinschaft vergeben.

Manche Schwester war auch froh im Kloster einen anderen Namen zu bekommen und nicht länger Petronella oder Apolonia gerufen zu werden.

Lateinische Nonnennamen lassen sich leicht verhunzen. Schwester Valeria wird von ihren Schülern „Schwester Falleri Fallera" genannt. Und Schwester Rogata ist für ihre Klasse nur Schwester Rabiata.

Wie sehr Schwester Primitiva unter ihrem Namen gelitten hat, gibt sie auf dem Sterbebett preis, als sie ihre Oberin darum bittet, künftig keine Schwester mehr diesen Namen tragen zu lassen. Auf ihrem Grab steht das Kreuz mit ihrem Namen: Schwester Primitiva.

Gott sei Dank können die Schwestern in vielen Orden inzwischen ihren Namen behalten und werden damit auch glückselig – wie Beate Maria.

Von Michi zu Vanilla Medica

Michaela wurde von ihren Klassenkameraden Michi genannt, was sie bald nicht mehr hören konnte. Auch ihr Zweitname kam nicht gut an: Dominique? Das ist doch ein Jungenname! Da nannte sie sich wie die weltberühmte Pippi Langstrumpf und kam mit zwei abstehenden Zöpfen in die Schule. Doch das führte nur dazu, dass sie ständig gehänselt wurde. „Pippi, musst du Pipi?" Dann nahm die kleine Blonde den Namen der roten Zora an, doch für die anderen blieb das zierliche Mädchen die Michi, die sie längst nicht mehr sein wollte.

Nach der Lektüre des Romans von Max Frisch „Mein Name sei Gantenbein" war sie wild entschlossen, sich mit einem außergewöhnlichen Namen von den anderen abzuheben. Und so verkündete sie auf ihrer 30. Geburtstagsparty den Geladenen in violettem Gewand: „Ich habe die Nase voll von eurer Michi. Von nun an heiße ich Vanilla Medica." Ein Name voller Magie. Vanilla Medica. Was willst du da noch sagen? „Ich bin der Kalle." – „Ich heiße Uschi." Ob Max oder Moni, Rosa oder Rudi, alle fühlen sich minderwertig gegenüber Vanilla Medica. Und Michis frühere Klassenkameraden mögen kein Vanilleeis mehr, seit die einstige Pippi sich Vanilla Medica nennt.

Wie aus Roland Roswitha wurde

Roland merkte mit 10–11 Jahren, dass er im falschen Körper stecke. „Mir war klar, wo ich hingehöre. Ich habe mich geschminkt und öfters die Kleider meiner Schwester angezogen. Manchmal bin ich abends heimlich im Dunkeln ums Viereck gelaufen. Mit 15 bin ich von daheim abgehauen und kam bald ins Berliner Milieu. Dort bekam ich von einem Krankenpfleger die ersten Hormonspritzen für die weibliche Figur. Dann habe ich mir die Östrogene selbst in den Po gespritzt und hatte bald einen richtigen Busen.
Mit 21 haben ich meiner Mutter am Telefon gesagt, was mit mir los ist. Heulend sagte sie: ‚So etwas wie dich habe ich in die Welt gesetzt. Ich weiß nicht, woher du kommst.' Mir hat die Natur das Weibliche in die Wiege gelegt. Als Kind hatte ich schon einen leichten Brustansatz. Mein Penis war nur dazu da, um Pipi zu machen. Ich habe mich immer schon als Frau gefühlt, doch erst mit 37 kam es zu meiner Geschlechtsumwandlung. Die Operation hat fünf bis sechs Stunden gedauert. Professor B. in Tübingen hat das klasse gemacht, super. Eine richtige Vagina mit Klitoris, Schamlippen und allem. Und auch mit den Harnröhrchen klappte es von Anfang an einwandfrei. Nach der Operation habe ich einen neuen Namen bekommen: Roswitha. So heiß ich jetzt auch amtlich. Ich habe einen anderen Ausweis bekommen und eine neue Geburtsurkunde, damit ich auch heiraten kann. Ich lebe jetzt schon seit zwei Jahren mit Paul zusammen. Wir sind ein glückliches Paar und auch der kleine Foxi gehört zu uns. Wir sind eine richtige Familie. Ich bereue nichts, und ich bin froh, dass ich mich damals habe umbauen lassen."

Schöne Geschichten

Adam und Eva waren die Namen der ersten Menschen in der Bibel. Eva soll sehr eifersüchtig gewesen sein und regelmäßig Adams Rippen gezählt haben. Auf ihre Frage: „Liebst du mich?" war seine lakonische Antwort: „Wen denn sonst?" Vielleicht wusste Eva, was im Talmud berichtet wird. Adams erste Frau war Lilith. Sie war sehr selbstbewusst und weigerte sich Adam zu dienen. Das gefiel Gott nicht, der Adam als Abbild seinesgleichen sah und Liliths Freiheitswillen als Rebellion gegen sich verstand. Weiterhin wird erzählt, dass Lilith beim Sex stets oben liegen wollte. Adam aber wollte sich die dominante Position nicht nehmen lassen, und schließlich kam es zur Trennung der beiden. Danach ging Lilith eine Verbindung mit dem Teufel ein und soll die Schlange gewesen sein, die Eva die Frucht vom Baum der Erkenntnis angeboten hat. Zum Schluss wurden Adam und Eva aus dem Paradies verjagt. Eva, die verführte Verführerin, galt als „Sündenmutter". Darum war ihr Name in der katholischen Kirche verpönt. Wenn schon, dann Eva-Maria.

Die Bibel erzählt schöne Geschichten. „Als für Tamar die Zeit der Entbindung kam, zeigte es sich, dass sie Zwillinge hatte. Während der Geburt steckte der eine seine Hand heraus. Die Hebamme band einen roten Faden um das Handgelenk und sagte: ‚Der ist der Erstgeborene.' Er zog seine Hand aber wieder zurück, und sein Bruder kam zuerst heraus. ‚Mit was für einem Riss hast du dir den Vortritt verschafft!', sagte die Hebamme. Deshalb nannte man ihn Perez, Riss. Erst dann kam der mit dem roten Faden heraus. Ihn nannte man Serach, Rotglanz." (1 Mose/Genesis 38, 27–30)

Ganz gerissen versuchte auch Jakob bei der Geburt das Erstgeburtsrecht zu erlangen, indem er mit der Hand die Ferse seines Bruders Esau festhielt. Jakob, der Fersenhalter. (1 Mose/Genesis 25, 24-26)

Eine jüdische Mutter, die nur Mädchen zur Welt brachte, nannte das vierte Zaule: lästiges Ding und das achte Taman: jetzt langt´s mir. Diese Geschichte steht zwar nicht in der Bibel, aber nicht alles, was in der heiligen Schrift steht, ist geschehen. Nicht wahr, Adam und Eva?

Egal, wie du auch heißen magst

Klaus Braden erzählt im „Tagebuch eines Dorfpfarrers", wie er in den Sommerferien einmal in Togo war. Dort traf er auf Père Klug, der ihn auf eine Reise ins Inland mitnahm. Im Dorf Onga wurde er schon erwartet, sechs Kinder sollten getauft werden. Das könnte doch auch der Gast aus Deutschland übernehmen ...

„Das erste Kind wurde zur Taufe gebracht. ‚Nombre?' fragte ich. Der Kindesvater antwortete: Aioubrexklmmnbdo. Mir brach der Schweiß aus. Aioubr...! Wie ging´s bloß weiter? ‚Ich taufe dich, im Namen des Vaters und des Sohnes und des Heiligen Geistes.' So, das war geschafft.

Das nächste Kind. ‚Nombre?' Klobrxdfrogmm, so oder so ähnlich klang, was die Mutter sagte. Ich verzichtete auf den Knoten in meiner Zunge und sagte: ‚Egal, wie Du auch heißen magst, ich taufe dich ...' Die Afrikaner haben mich verstanden und ich denke, der große Gott, kann alle ‚Egal, wie Du auch heißen magst' gut auseinanderhalten."

P.S.: Klaus Braden wurde einmal von seinem Freund gefragt: „Worin unterscheidest du dich von einem Missionar?" Seine Antwort: „Ein Missionar macht die Wilden fromm ..."

Heinrich, Konrad, Hinz und Kunz

Hinz und Kunz, die Kurzform von Heinrich und Konrad, waren im Mittelalter zwei häufige Vornamen. Hinz und Kunz bedeutet jedermann. „Jedermann" heißt auch das Spiel vom Sterben des reichen Mannes. Weder sein treuer Knecht noch seine Freunde, noch sein Geld wollen ihn ins Grab begleiten. Keiner aber kann dem Tod entrinnen. Jedermann, alle müssen daran glauben. Auch Kaiser und Könige namens Heinrich und Konrad, die sich für so viel besser hielten als Hinz und Kunz. Der Schnitter macht/mag alle gleich: Papst und Penner, Königin und Klofrau, Bischof und Bettler, Methusalem und das Mädchen. Jede Frau, jeder Mann, ab in die Grube. Gruselig.

Um den Menschen die Angst vor dem unerbittlichen Sensenmann zu nehmen, nannte man ihn mit dem vertrauten Vornamen Hein. Ein gutes Hüllwort, um den allmächtigen Tod nicht beim Namen zu nennen. Freund Hein klingt freundlich, nett, obwohl er den furchtbaren Todfeind verhüllt. Freund Hein heißt in England Old Henry, in der Schweiz Beinheinrich.

Ja, Gevatter Tod kommt tatsächlich oft wie ein freundlicher Gesell zu Menschen, die sich nach Erlösung sehnen – mehr noch als die Wärter nach dem Morgen. (Ps 130)

Buona sera – Buona notta

„Quo nomine vis vocari? – Mit welchem Namen willst du genannt werden?", wurde der neue Papst gefragt. Franziskus antwortete der Jesuit Jorge Bergoglio.

Wie kam er zum Namen Franziskus? „Mein Freund, der brasilianische Kardinal, Claudio Hummes, hat mich gleich nach der Wahl umarmt und mich aufgefordert, nicht die Armen zu vergessen. In diesem Moment habe ich an Franz von Assisi gedacht." Franziskus: der Name ist Programm. Die roten Prada-Schühchen seines Vorgängers hat er gleich an den Nagel gehängt. In Straßenschuhen geht er zu den Bootsflüchtlingen von Lampedusa, wäscht Gefangenen die Füße und küsst sie. Nachfolge Jesu fängt mit den Füßen an.

„Buona sera" waren die ersten Worte des neuen Papstes vom Balkon des Petersdoms an die jubelnde Menge. Jeder spürt: Hier ist ein Mensch. Als er einen Schweizergardist in voller Montur an der Tür stehen sieht, fragt er ihn: „Wie lange müssen Sie hier noch stehen?" – „Noch zwei Stunden, Eure Heiligkeit." Da bringt Franziskus ihm einen Stuhl.

Wer auf dem Stuhl Petri sitzt, kann sich seinen Namen selbst wählen: Pius, Eugenius, Innocentius, Gregorius, Benediktus ... Päpste mögen heißen, wie sie wollen, ihr Rufname bleibt wichtig. Um den Tod des Pontifex festzustellen, tritt der Camerlengo in das Zimmer des Papstes, klopft dreimal vorsichtig mit einem elfenbeinernen Hämmerchen auf das Vorhaupt des Heiligen Vaters und fragt, ob er schläft. Wenn der Papst auch beim dritten Male keine Antwort gibt, wird er für tot erklärt. Ein bekloppter Brauch? Auf jeden Fall sehr viel menschlicher, als wenn Maschinen und Apparate keinen Pieps mehr von sich geben und den Exitus anzeigen. Der Tod ist ja der große Bruder des Schlafes. Für immer eingeschlafen, entschlafen: Buona notte.

Unter Wölfen

In der Familie Herrmann war es üblich, dem ältesten Sohn als dem Stammhalter den gleichen Namen zu geben wie dem Vater. So hießen der Urgroßvater, der Großvater, der Vater und der Sohn alle Martin. Als nun aber beim jungen Martin Herrmann eine Tochter geboren wurde, war die Namenskette gebrochen. Wenn schon kein Martin, dann wenigstens eine Martina. Trotzdem gab ihr Vater die Hoffnung nicht auf, doch noch einen Stammhalter zu bekommen. Doch es wollte und wollte nicht klappen. Er konnte sich kaum damit abfinden, dass er keinen Sohnemann hatte. So kam es, dass er seine Tochter dennoch Martin rief.

Herr Wolf strahlte. Der Frauenarzt hatte beim Ultraschall gesagt: „Es ist ein Junge". Er sollt Konstantin heißen. Doch dann kam ein Mädchen. Da konnte Mister Wolf seinen „Kaiser" begraben. Und damit die Hoffnung, dass sein Filius einmal die namhafte Firma weiterführen würde.

Wolf war so enttäuscht, ja verletzt, dass er den Arzt auf Schadensersatz verklagen wollte. Doch das sei aussichtslos, erklärte ihm der Anwalt des Hauses. „Denn welchen Schaden sollten Sie denn ersetzt bekommen? Und das Geschlecht kann durch Ultraschall auch nicht einwandfrei erkannt werden." So musste „der Wolf" notgedrungen mit einer Tochter Vorlieb nehmen. Das ungewollte Mädchen bekam nicht den Namen Konstantina, sondern Manuela: Gott mit uns. Ein magerer Trost für das arme Kind, das Schmerzensgeld verdient hätte – genauso wie die unglückliche Martina Herrmann.

Jean Paul

Das sehr belesene Lehrerehepaar verehrte ganz besonders den deutschen Dichter Jean Paul. So war es nicht verwunderlich, dass ihr Sohn den Taufnamen Jean Paul bekam. Seine Mutter sah ihn schon als Schriftsteller und las ihm im Kindesalter schon Gedichte vor. Jean Pauls Vater drückte dem Jungen immer wieder ein Buch in die Hand, aber das kam nicht gut bei ihm an. Kurzum: Jean Paul entwickelte sich ganz anders, als es sich für ein Kind von Lehrern geziemt. Mit zwölf Jahren hatte er schon seine erste Alkoholvergiftung. Und auch bei der Polizei war er bald bekannt. Jean Paul ist ein Draufgänger und hält sich an keine Regel. Der Rebell lässt sich nichts gefallen; seine Fäuste sind gefürchtet. Bei einer Schlägerei im Bierzelt trägt er eine gebrochene Nase davon. Seitdem hat Jean Paul seinen Namen weg: Belmondo. Die verklopfte Nase ist das Markenzeichen des Schauspielers, der Boxer werden wollte. Der Belmondo von Biberach kann auch breit grinsen und weiß, was Frauen mögen. Immer noch hat er kein Buch von Jean Paul gelesen, aber ein Zitat von ihm hat er in sein Leben übersetzt: „Gehe nicht, wohin der Weg führen mag, sondern dorthin, wo kein Weg ist, und hinterlasse eine Spur."

Jesses, nee!

Dolores und José wollten, dass ihr Junge Jesus heißt. Zu ihrer großen Enttäuschung erklärte ihnen der Standesbeamte, dass der Name Jesus in Deutschland nicht zulässig sei. Denn dadurch könnten religiöse Gefühle verletzt werden. „Aber wieso das denn?", wollten die aufgebrachten Eltern wissen. „In Spanien und Süd-Amerika ist Jesus doch auch ein gebräulicher Name." – „Das ist mir durchaus bekannt", entgegnete der Mann auf dem Rathaus. „Aber wir sind hier in Deutschland. Und es ist meine Pflicht, darauf zu achten, dass Kinder keinen anstößigen Namen bekommen. Wenn Sie sich zu Jesus bekennen möchten, dann nennen Sie Ihren Sohn doch Christian." Doch Dolores und José wollten einen Jesus und keinen Christian. So blieb dem Beamten am Ende nichts anderes übrig als beim zuständigen Amtsgericht einen entsprechenden Antrag zu stellen. Bis der Fall entschieden sei, so belehrte er die Eltern, habe das Kind allerdings keinen Namen. Doch das hinderte Dolores und José nicht daran, ihren Jungen Jesus zu nennen.

Die Entscheidung dauerte länger als sechs Monate, weil die „Sache Jesu" auch durch die nächste Instanz ging. Schließlich fasste das Landgericht den Beschluss, dass der Vorname Jesus nicht eintragungsfähig sein. Dolores und José verstanden die Welt nicht mehr. Sie hätten ihren Jungen Pinocchio oder Pumuckl, Winnetou oder Napoleon, Mohammed oder Mahmut nennen können. Nur nicht Jesus! Hatte der nicht gesagt: Wer es fassen kann, der fasse es?!

Dem fassungslosen Ehepaar blieb als allerletzte Instanz nur noch das Oberlandesgericht in Frankfurt. Und das entschied, Gott sei Lob und Dank, dass keine rechtlichen Bedenken gegen die Vergabe des Namens Jesus bestehen. Und so wurde der Junge von Dolores und José der erste Jesus, der Deutsch spricht.

Furchtbar böse

Seinen Namen sucht man sich nicht aus. Das hatte er sich schon hunderttausend Mal gesagt. Vergeblich. Denn immer noch machte es ihm schwer zu schaffen, dass seine gottesfürchtigen Eltern ihm den schrecklichen Namen Fürchtegott gegeben hatten. Wenn er wenigstens noch Timotheus geheißen hätte. Aber die eingedeutschte Form Fürchtegott war ein Befehl: Fürchte Gott ... denn sonst schmorst du in der Hölle. Diese Drohbotschaft war ihm als Kind ständig eingetrichtert worden. So hatte die Angst vor ewigen Höllenqualen auch noch seine Jugend bestimmt. Schließlich war er Pastor geworden, um den Menschen die Angst vor einem strafenden Gott zu nehmen. Er wollte die Frohe Botschaft verkünden: „Gott ist Liebe". Aber Fürchte Gott sagte das Gegenteil. Wie vom Himmel reden, wenn man mit seinem Namen anderen die Hölle heiß macht?! Auch Fürchtegotts Familienname passte gar nicht zu einem „Pastor bonus": Böse. Wie sollte das verlorene Schaf sich vom guten Hirten finden lassen, wenn es ihn fürchtet?! Schon mehrmals hatte Fürchtegott Böse erlebt, dass die Leute erschraken als sie seinen Namen hörten. Und wenn Trauernde sich in der Zeitung bei Pastor Fürchtegott Böse für die tröstenden Worte bedankten, kam ihm das selbst komisch vor. Wie viel leichter hatte es sein Mitbruder Traugott Tröster! Pfarrer Fürchtegott Böse konnte richtig boshaft werden, wenn seine liebe Frau ihn zu trösten suchte: „Fürchti, alles wird gut!"

Mein Gott, Walter

Nun ist also doch geschehen, wovor der Pfarrer sich immer so gefürchtet hatte: Eine Namensverwechslung bei einer Beerdigung. Das war noch viel schlimmer als damals sein Blackout bei der Trauung, als er vor dem Eheversprechen das Brautpaar fragen musste: „Wie heißen Sie noch mal?" Das war irgendwie noch lustig gewesen. Aber bei einer Trauerfeier verstehen die Leute keinen Spaß. Da ist alles ernst. Todernst. Schon mehrmals hatte der Pfarrer gemerkt, dass die Kinder des Verstorbenen heftig den Kopf schüttelten, aber er wusste nicht warum. Bis der älteste Sohn aufstand und klar stellte: „Unser Vater heißt Horst Walter und nicht Walter Windhorst." Der Pfarrer sagte danach nur noch „der Verstorbene" und hütete sich, ihn beim Namen zu nennen. Seitdem legt der Pfarrer bei jeder Trauerfeier den Namen des Gestorbenen in Riesen-Buchstaben vor sich auf das Pult, aber er meidet immer noch die bei Beerdigungen beliebte Bibelstelle: „Ich habe dich bei deinem Namen gerufen."

Namensverwechslungen können fatal sein. Brigitte Holz war bei der Frauenärztin. Die sagte ihr: "Es ist alles so weit vorbereitet. Hier ist Ihre Akte mit den Untersuchungsergebnissen und den Blutwerten. Sie gehen jetzt ins Marienhospital zur Brustamputation." Daraufhin fiel Brigitte Holz fast in Ohnmacht und rief total entsetzt: „Wieso denn das? Da muss eine Verwechslung vorliegen!" Und da merkte die Ärztin erst, dass sie tatsächlich die falsche Brigitte Holz vor sich hatte. Ja, das kommt davon, wenn frau/man nicht aufs Geburtsdatum schaut.

Mäuschen und Bärli

Bienchen, Hasilein, Täubchen, Rehlein ... Am Anfang einer Beziehung sind die Tiere immer klein. Die Liebe aber groß.

Mein Mausilein,
Ich werde Dich auf Händen tragen.
Und Dir das Paradies auf Erden schenken.
Du wirst das glücklichste Wesen dieser Welt sein.
Dein Bärli

Auch Bärlis Eheversprechen in der Kirche war vielversprechend. „Mäuschen, ich will mit Dir Liebe machen, bis der Tod uns scheidet!" Die Leute lachten, der Pfarrer bekam einen knallroten Kopf – und hielt dem Bräutigam das richtige Ehegelöbnis unter die Nase. Einige Wochen nach der Hochzeit hing der Himmel immer noch voller Geigen. Es gab nicht einen falschen Ton, nur die süßesten Koseworte und die zärtlichsten Küsse. Und Bärli hatte kein Problem, sein zuerst gegebenes Eheversprechen zu erfüllen. Mäuschen schwebte auf Wolke sieben. Als sie dann aber langsam wieder Boden unter den Füßen bekam, merkte sie allmählich, dass Bärli auch nur ein Mensch war. Und Bärli entdeckte, dass sein heißgeliebtes Mäusilein nicht nur lieb sein konnte. So kam es, dass es mit der Zeit immer weniger Bussis gab und auch im Bett nicht mehr viel los war. Es dauerte keine sieben Jahre, da war aus Mäuschen eine dumme Kuh und aus Bärli ein blöder Ochs geworden. Im Anfang sind die Tiere immer klein ...

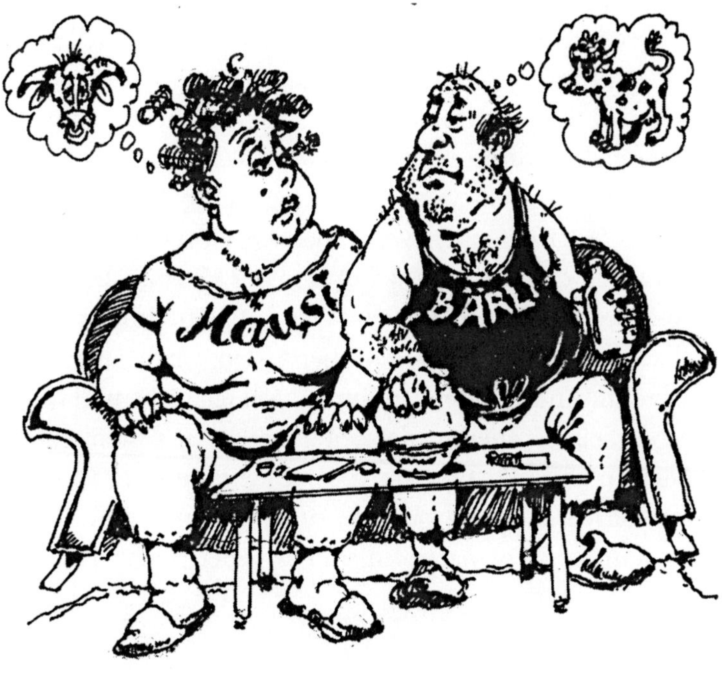
Mausi
BÄRLI

Christiane – im Krieg gekriegt

Heute ist die Hochzeit nicht selten höchste Zeit. Früher wurde manches Kind erst in der Hochzeitsnacht gezeugt. Auch Elfriede und Erich waren 1941 noch so brav ... Sie wussten, dass sie ein Kind nicht machen können, sondern baten Gott, ihnen ein Kind zu schenken. Kurz nach der Hochzeit wurde Erich eingezogen, „musste in den Krieg". Sollte er nicht zurückkehren, würde er in seinem Kind weiterleben und seine Frau hätte eine bleibende Erinnerung an ihn. Neun Monate nach der Hochzeitsnacht wurde das von Gott erbetene Kind geboren: Christiane. Und später kam der Vater auch heil aus dem Krieg zurück. Er war ein sehr gottesfürchtiger Mann und schrieb seinen Namen immer ERich. Christiane selbst mochte am Anfang ihren „frommen" Namen nicht, und wollte Suzanne heißen. Aber mit der Zeit freundete sie sich mit ihrem Namen an und ist heute froh, dass sie keine Suzanne ist. „Der Name Christiane passt ganz gut zu mir. Meine Eltern haben das schon richtig gemacht – nicht nur in der Hochzeitsnacht.

Milka, Lenor, Corodin

Vater und Mutter waren sich einig, dass ihre Tochter Joelle heißen sollte. Aber die Oma konnte den Namen nicht aussprechen. Ihr zuliebe bekam die Tochter den Namen Lisa: leicht auszusprechen. „Und den Namen kann ich mir auch leicht merken", sagte die Oma mit einem Mona-Lisa-Lächeln. „Ich brauche nur an die lila Kuh von Milka zu denken: Lisa."

Vier Jahre später bekommt Lisa Zwillingsschwesterchen. Die eine heißt Leonore. „Ein schöner Name", meint die Oma. „Leonore das ist so schön weich wie Lenor, mein Weichspüler. Auch den Namen Corina kann ich mir leicht merken. Ich brauche nur an meine Herztropfen zu denken: Corodin."

Und als die Oma dann noch vergesslicher wurde, nannte sie ihre Enkelinnen nur noch Milka, Lenor und Corodin.

Wieder geboren

Es war Krieg. Auf einem schwäbischen Bauernhof hatte die Oma einen französischen Kriegsgefangenen als Knecht. Er hieß Edmond und muss der Oma wohl sehr gefallen haben, denn er durfte als einziger die Bratkartoffelpfanne benutzen, um darin seine Schnecken zu bereiten. Als dann auf dem Hof wieder ein Junge geboren wurde, wollte die Oma, dass er Edmund heißt. Inzwischen war der Franzose längst wieder fort, doch der Enkel hält die Erinnerung an den liebgewordenen Feind wach – bis zum heutigen Tag.

Clemens war ein Musiker mit Leib und Seele. Stets hatte er ein Instrument in Händen. Musik war sein Leben. „Ich will sterben beim Musizieren." Und so kam es auch. Mit 38 brach er tot zusammen, sein geliebte Gitarre in den Händen. Die Eltern waren traurig. Wir haben keinen Clemens mehr. Fünf Jahre später wurde ein wenig weiter in der Straße ein Junge geboren: Clemens – zur großen Freude der verwaisten Eltern. „Wir haben wieder einen Clemens."

Als Mirko mit sieben Jahren seinen eigenen Namen auf dem Grabstein seines Bruders las, war er sehr verstört. Er wusste zwar, dass Mirko mit zehn Jahren bei einem Verkehrsunfall ums Leben gekommen war und seine Eltern ihm seinen Namen gegeben hatten. In der Wohnung hingen überall noch Bilder seines großen Bruders, der den Eltern immer noch so sehr fehlte. Was Mirko vor allem störte, ständig mit seinem verstorbenen Bruder verglichen zu werden. „Mirko hat gerne Flöte gespielt." – „Dein Bruder hatte ein besseres Zeugnis."

Eines Tages hatte sich beim Jungen so viel Wut angestaut, dass er seinen Eltern schwere Vorwürfe machte: „Für euch bin ich doch nur der Ersatz meines Bruders. Darum habt ihr mir seinen Namen gegeben. Ich will aber nicht mehr Mirko heißen." Doch er hatte nur diesen einen Namen, den die Eltern ihm gegeben hatten, um seinen toten Bruder Mirko wieder zu beleben.

Nachdem ihr ältester Sohn René im Krieg gefallen war, wollte die Oma unbedingt, dass ein Enkel seinen Namen bekommt. Als dann René auf die Welt kam, hatte die Oma tatsächlich das Gefühl, ihr verstorbener Sohn sei wieder geboren. Jeden Tag holte sie René, den Wiedergeborenen zu sich und brachte ihn abends nur widerwillig zu seinen Eltern zurück. Sie wollte den Jungen ganz für sich haben, was zu immer größeren Spannungen mit ihrem Sohn und der Schwiegertochter führte. Als es wieder einmal zu einer heftigen Auseinandersetzung kam, rief die Oma: "Ihr habt wohl vergessen, dass ich dem Bub den Namen gegeben habe. Er ist wie ein Stück von mir."

Sahne, wie heißt du eigentlich?

So lange ist es noch nicht her, dass die Leute sich eine Waffel mit Sahne im Milchhäusle holten. Die Ladenbesitzer hatten einen Sohn namens Manfred. Als dieser auf einer Skihütte einmal etwas angestellt hatte, sagten die anderen: „Das war der kleine Sahne." Und so wurde aus Manfred der Sahne. Anfangs hatte er sich noch dagegen gewehrt, aber nach einiger Zeit war der junge Mann in der ganzen Stadt als Sahne bekannt. Auch bei der Post. So kam auch die Karte aus Mauritius bei Sahne Markgröningen an. Als Tauchlehrer war er für alle ebenfalls nur der Sahne. Einmal hatte er mit ein paar Schülern vereinbart, sich Sonntagmorgen bei ihm zu treffen. An seinem Haus fanden sie aber keinen Sahne. Sie klingelten bei seinem Nachbarn, der stinksauer war und nicht aufmachte. So gingen sie in die nächste Telefonzelle – Handys gab´s damals noch nicht – und riefen ihn an: "Sahne, wie heißt du eigentlich?" Manfred Glaser kennt kaum jemand, aber den Sahne. Ob Kaffee oder Kuchen, Waffel oder Weißwurst, stets ist sein Satz: „Aber bitte mit Sahne." Kurzum: Sahne ist, was er isst.

Doch, meine Mutter heißt Krokodil

Eine Kindergärtnerin hört, wie ein Junge zum anderen sagt: „Meine Mutter heißt Krokodil." – „Das kann nicht sein", bekommt er zur Antwort. „Ein Krokodil lebt im Wasser und hat scharfe Zähne." – „Aber meine Mutter heißt Krokodil", beharrt das Kind. – „Krokodile fressen Menschen. Deine Mutter kann gar nicht Krokodil heißen", gibt das andere Kind zurück. „Doch meine Mutter heißt Krokodil, ich weiß es ganz genau", beharrt der Junge. Als dann seine Mutter ihn vom Kindergarten abholt, fragt die Kindergärtnerin sie nach ihrem Namen. „Ihr Junge behauptet nämlich, Sie würden Krokodil heißen." Da lacht die Mutter schallend: „Ich heiße Klothilde."

Mein Name ist Hase

Tieren einen Namen geben ist Machtausübung. Der Mensch wird zum Herrn über Leben und Tod. Hasen ohne Namen hausen in Ställen, werden geschlachtet, landen in der Bratpfanne. Zwergkaninchen bekommen einen Namen, sie dürfen den Käfig verlassen und im Wohnzimmer hoppeln, werden verwöhnt und verhätschelt. Wenn sie krank sind, kommen sie zum Tierarzt, sie sterben einen natürlichen Tod und bekommen ein eigenes Grab. So im Pfarrgarten der Familie P. Da liegt Sissi begraben mit Gedenktafel:

Sie war stets in weiß gekleidet.
Zeitlebens war sie die Dame der Hasengesellschaft, unnahbar zuweilen, zuweilen auch bereit,
sich streicheln zu lassen.
Sie bevorzugte den frischen Löwenzahn und manchen zarten Halm.
Sissi gebar viele Kinder, zog sie groß.
Schon hochbetagt adoptierte sie ein Meerschweinchen und ließ nicht ab,
es zu bemuttern, bis es durch den Tod von ihr genommen wurde.
Die Trauer dieses Verlustes hat sie nie überwunden.
Sissi verstarb am kühlen Herbstabend des 24. Oktober im Jahr des Herrn XX. Die hinterbliebenen Menschen und Tiere werden ihr ein ehrendes Andenken bewahren.

Neben Sissi hat noch ein anderer Zwerghase ein Ehrengrab bekommen.

Hier ruht **Mümmel**, ein alter Hase.
Er wurde geboren in den ersten Julitagen des Jahres 1987
zusammen mit drei Geschwistern.
Seine Mutter war die braune Häsin Hoppel.
Sein Vater der schwarze Hase Hoppel.
Früh war er durch den tragischen Tod der Häsin Hoppel
ein Waisenkind und wurde in der zweiten Woche seines Hasenlebens
von der Ziehmutter Karin mit Geduld gefüttert,
bis er selbst des Essens mächtig war.
Er wurde der Vater vieler Kinder.
Schwere Krankheit hat er überstanden.
Sein Lieblingsfutter war getrocknetes hartes Brot.
Der liebenswerteste Zwerghase aller Stallungen
starb im Alter von neun Jahren
in der letzten Nacht des Monats August,
in seinem Altersruhesitz und wurde von denen,
die ihn mochten, begraben und beweint.

R. I. P.

Klaus vom Dachsbuckel

Klaus Huber musste in den letzten Jahren immer wieder feststellen, dass es in seiner Stadt mehrere Klaus Huber gab und gibt, mit denen er nicht nur von Anrufern, sondern auch von Absendern und der Post immer wieder verwechselt wurde. Auch manche Emails, die für ihn gedacht waren, landeten nicht bei ihm, sondern bei einem seiner Namensvetter. Als er eines Tages wieder einmal ein Schreiben erhielt, das für einen Landwirt als Namensvetter gedacht war, nämlich die schriftliche Bestätigung eines „Zuchteber-Verkaufs", sagte er sich: „Jetzt ist Schluss." Da Klaus Huber bei Festen aller Art als Stadt-Poet oft im historischen Gewand auftrat, nahm er den Künstlernamen an: Klaus vom Dachsbuckel. Sein Haus steht ja am Dachsbuckel, ein fast urwaldähnlicher Waldhang, wo es früher Dachshöhlen gegeben hat. In diesem Wäldchen ist Klaus als Kind oft herumgeräubert. „Haus am Dachsbuckel" – diese Adresse ist inzwischen so bekannt, dass auch Post ohne Straßenangabe bei Klaus Huber ankommt, beim richtigen.

Denk mal

Alma und Hanna waren die zwei kleinen Schwestern vom zehnjährigen Gustav. Er fand die kleine Hanna ganz süß. „Sie sieht aus wie ein Engelchen. Aber Alma ist dem lieben Gott nicht so gelungen." Das schwer behinderte Mädchen wurde in der Nazi-Zeit im Stall versteckt, aber von Nachbarn verraten. 1940 wurde das kleine Kind in Grafeneck ermordet – zusammen mit über zehntausend anderen Jungen, Mädchen, Frauen, und Männer mit Missbildungen oder geistigen Behinderungen. Auch Menschen, die unter Epilepsie litten, galten als „unnütze Esser", „Ballastexistenzen". Euthanasie, schöner Tod, wurde der Massenmord beschönigend genannt.

Vor Almas Wohnung erinnert ein Stolperstein aus Messing an das ermordete Mädchen. Tausende Gedenksteine wurden in Deutschland inzwischen verlegt – für Euthanasie-Opfer, Juden, Widerstandskämpfer, Homosexuelle, Roma, Sinti, Freimaurer, Zeugen Jehovas. Der „Stolperstein-Erfinder" Gunter Demnig sagt: „Ein Mensch ist erst vergessen, wenn sein Name vergessen ist."

Als ich es auf dem Weg zum Bahnhof in Ludwigsburg wieder einmal eilig habe, stolpere ich fast über einen Messing-Stein. Ich bleibe stehen. Dr. David Schmal. 1938 Berufsverbot. 1942 nach Theresienstadt deportiert – 1944 nach Auschwitz deportiert und dort ermordet. Die gleichen Daten für seine Ehefrau Selma.

Jeder Name ist ein kleines Denkmal. Denk mal.

Sie haben ja einen fetten Namen

„Sie haben ja einen fetten Namen!" – „King, so würde ich auch gerne heißen..." sagen „Knackis" dem Gefängnisseelsorger. Im Jugendknast träumt jeder davon, der King zu sein. Der Name King weckt Begehrlichkeiten auch bei den Bediensteten, die nur nach oben schauen. Michael King richtet den Blick nach dem da ganz oben, auch wenn man von ihm im Knast nichts sieht. Wo ist er denn, der „mächtige König, der alles so herrlich regieret?" Auf dem Stock herrschen die Starken, die anderen in die Knie zwingen. Und da kommt dann so ein Männchen ohne Muckis daher und trägt den Namen King. Er provoziert, redet vom Himmel in der Hölle, predigt Vergebung im Haus der Vergeltung. Und er hat auch noch den Mut, im Knast Lob- und Danklieder zu singen. Eine Zumutung. Manchmal bleibt ihm die Stimme weg, verstummt. Aber auch wenn der Himmelskomiker nichts sagt und nur still dasitzt, sein Name gibt zu denken: King.

„Sie haben ja einen super Namen", sagt die Kassiererin im Kaufhaus an der Kasse, als sie seine EC Karte studiert. „King – wie das klingt! Wenn Sie wollen können Sie mich heiraten ..." Der Name King öffnet Türen, nicht nur im Knast.

So einen ehrwürdigen Namen zu tragen, ist nicht immer nur ein Vergnügen. Eine Studienkollegin von Michael King hieß Burger. Freunde wollten ihn mit ihr verkuppeln. Doch der Doppelname Burger-King gefiel ihm noch weniger als King Kong. Da bleibt er lieber einfach der King.

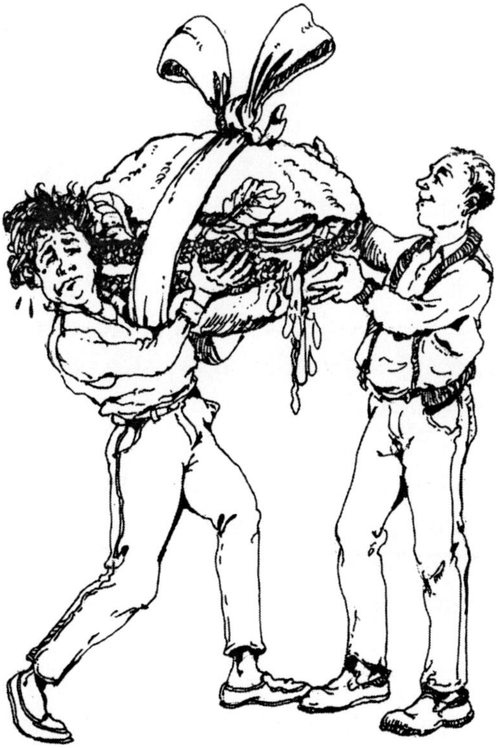

Paulo

Als Katrin auf der Suche war nach einem Namen für ihren Welpen, las sie gerade das Buch von Paulo Coelho: Auf dem Jakobsweg. Die Lebensweisheiten dieser Pilgerreise sprachen sie sehr an. Da legt einer den Finger in die Wunde: Mensch, bin ich schlecht. Und wie ich heute wieder aussehe! Warum bin ich nur so blöd? Mit solchen negativen Gedanken fügen wir uns selbst Schmerzen zu. Pilger Paulo sagt: Wenn die Seele weh tut, sollte man sich auch körperlich Weh tun und sich in den Daumennagel beißen. Coelhos Finger war ganz wund. Ihm war klar, wie schlecht er oft mit sich selbst umging. Er schreibt: „Von allen Dingen, auf die der Mensch gekommen ist, um sich selbst weh zu tun, ist das schlimmste die Liebe. Wir leiden ständig, weil jemand uns nicht liebt, weil jemand uns verlassen hat, weil jemand nicht von uns lässt." Wie wahr!

Um sich an all die Wahrheiten und Weisheiten zu erinnern, nannte Katrin ihren Hirtenhund Paulo. Die junge Frau war also nicht auf den Hund gekommen, sondern ihr Hund auf den Menschen: Paulo. Er braucht keine Worte, um sich mitzuteilen. Sein Blick sagt alles. Inzwischen ist Paulo vierzehn und trägt Windeln – wie ein Mensch im hohen Alter.

Choupette

Meine Frau und ich nennen uns nicht beim Vornamen. Wir sagen beide Choupette zueinander. Was das bedeutet, wissen wir selbst nicht. Chou heißt Kohl, mon Chou = mein Liebling, mein Schatz, mein Spatz. Choupette ist ein Synonym für Süß. Süßwarengeschäfte verkaufen auch Choupettes: Lutscher in allen Farben.

Als ich in Malaga am Strand laut nach meiner Gemahlin rief, „Choupette! Choupette!", liefen mir mehrere Kinder zu, weil sie glaubten, von mir einen Eis-Lolly zu bekommen. Das kam mir spanisch vor, bis ich hörte, dass Chupete Eislolly bedeutet.

Weil ich immer von Choupette rede, kennen viele den Vornamen meiner Frau nicht. Sie fragen mich, wie es Choupette geht und bestellen Grüße an Choupette.

Unser Freund Wolfgang hatte Choupette mit Schrapnell assoziiert – alles andere als ein Kosewort. Und doch klingt es niedlich, wenn er mich fragt: „Und wie geht es Schrapnell?"

Unser Lieblingswort Choupette ist auch nach 45 Jahren Ehe immer noch nicht ausgelutscht. Als meine Frau aber hörte, wie eine Dame ihren Hund Choupette rief und sah, wie der vor ihren Augen einen Haufen machte, war die süße Choupette stinksauer. Erst recht stinkt es zum Himmel, dass das Hauskätzchen von Karl Lagerfeld in seinem Privatjet um die Welt fliegt und auch noch unseren Namen trägt – ohne dass der Designer uns gefragt hat.

Alles für die Katz

Karin und Kurt wollten eine Katze. Doch als sie im Tierheim zwei Winzlinge eng zusammengekrault im Käfig sahen, brachten sie es nicht übers Herz, beide Miezen voneinander zu trennen. Karin und Kurt nahmen Erny und Bernd mit nach Hause und suchten nach anderen Namen, denn mit der Sesamstraße hatten sie nichts am Hut. So wurde Erny zu Oskar und Bernd zu Emil umgetauft, nach den Lieblingsmalern des Ehepaares: Oskar Kokoschka und Emil Nolde.

Oskar ist der Liebling von Kurt. Wenn er heimkommt, wirft sein Oskar sich vor seine Füße, will von ihm hochgehoben und gestreichelt werden. Der Kater schmiegt seinen Kopf gegen den von Kurt. Beide sind glückselig und kuscheln so eng miteinander, dass Oskars Haare in Herrchens Bart hängen bleiben. Schade, dass „Seelenmaler" Kokoschka diese intime Szene nicht mehr in ausdrucksstarken Farben hat schildern können.

Emil ist viel zurückhaltender als der expressive Oskar. Emil behält wie Karin Gefühle lieber für sich. Emil ist mehr der Denker. Und Karin denkt: Ach Kurt, warum sagst du mir nicht auch einmal solch liebliche Worte wie zu deinem Oskar: Mein Muschi, Bussi, Pussy. Mein Hasi, Mausi, Katzi!? Wieso kannst du denn mit mir nicht auch so schmusen? Ich tue doch alles, um dir zu gefallen.

Alles für die Katz!

Chantal

Chantal leitet sich von der heiligen Johanna Franziska von Chantal ab. Diesen Namen hatte die Mutter für ihre Tochter ausgewählt, in der Hoffnung dass sie eines Tages auch ins Kloster geht. Doch dagegen wusste Chantal sich erfolgreich zu wehren. Chantal aus dem Elsass hat einen deutschen Mann geheiratet und musste sich daran gewöhnen, dass viele sie Schand(d)al nennen. Schande macht das horizontale Gewerbe dem heiligen Namen: „Chantal verwöhnt dich mit erotischer Raffinesse." – „Chantal, blonder Liebesengel, macht's auf französisch." – „Lustgespielin Chantal kennt deine heimlichsten Wünsche und erfüllt sie."

Als Mitarbeiterin bei einem Beerdigungsinstitut muss Chantal Traueranzeigen aufgeben und Särge verkaufen. So gesehen gehört auch sie zum horizontalen Gewerbe.

Mercedes

Er war ein richtiger Mercedes-Benz-Fan. Stets musste es ein Auto mit dem Stern sein. Alle anderen Wagen waren in seinen Augen nichts im Vergleich zu seinem Mercedes. Als klar war, dass er Vater einer Tochter wird, wollte er unbedingt, dass sie den Namen Mercedes bekommt. Seine Frau hatte zwar Bedenken, aber sie wusste, dass sie ihren Mann nicht umstimmen konnte.

Mit acht Jahren konnte Mercedes die Kommentare der Klassenkameraden längst nicht mehr hören, die sie schon im Kindergarten so genervt hatten. „Dein Vater hat wohl eine Macke, dich so nennen." – „Mein Daddy fährt einen Porsche, aber deshalb heiße ich doch nicht Porsche." – „Selbst Daimler klingt nicht so dämlich, aber Mercedes."Mit dreizehn ging die Tochter auf ihren Vater los. „Nur weil du auf so ein blödes Auto abfährst, hast du mir diesen unmöglichen Namen gegeben. Du hast nur deinen Karren im Kopf, sonst nichts. Dabei weißt du nicht einmal, woher der Name Mercedes kommt.

Es war das Lösegeld, mit dem die Mutter Maria die Gefangenen loskaufte. Aber für dich ist Mercedes nur dein ‚heilix Blechle', das du hegst und pflegst und stundenlang frottierst. Wann hast du mich schon mal gestreichelt? Und mein Zimmer ist nur halb so groß wie die Garage für dein Heiligtum. Schäm dich!" Das aufmüpfige Mädchen gab keine Ruh, bis sie eines Tages einen festen Freund fand. Und der hieß Ottokar – und war mächtig stolz auf seine(n) Mercedes.

Fips und Schnörkel

Fips war in der Stadt wohl bekannt. Wieso er vor 70 Jahren diesen Beinamen bekommen hatte, wusste er selber nicht mehr genau. Fips heißt der Affe im Buch von Wilhelm Busch. Aber als Kind sei er keineswegs so frech gewesen wie der Busch-Affe und klettern konnte er auch nicht gut. Aber nachdem ihn alle immer Fips nannten, zitierte er schon mal das Wort von Mark Twain: „Gott hat den Menschen erschaffen, weil er vom Affen enttäuscht war. Danach verzichtete er auf weitere Experimente."

Als der gute Mann das Zeitliche gesegnet hatte, stand in der Todesanzeige sein richtiger Name: Reinhold. Den kannten nur wenige, aber dass der Fips gestorben war, machte schnell die Runde.

Fips´ jüngerer Bruder Alfred war in der Schule bekannt für seine schöne Schnörkelschrift. Da hatte er seinen Spitznamen weg: Schnörkel. Als ein Klassenkamerad vom Schnörkel einmal an seiner Haustür klingelte, öffnete sein Vater die Tür: „Grüß Gott, Herr Schnörkel." Inzwischen hat auch Alfred an der Himmelstür angeklopft. Als Petrus ihm aufschloss, sagte er: „Ach, da kommt ja der Schnörkel. Dein Bruder Fips wartet schon auf dich und isst gerade eine Banane."

Unser Fürsprecher Michael

Michael wäre ein guter Apotheker geworden und trug seine Waage immer bei sich. Er wusste bestens Bescheid über Barbiturate und Diazepame. Die rote Liste war seine Bibel, sein Giftschrank sein Tresor. Seine Pillen und Tabletten hat er stets wie einen kostbaren Schatz gehütet. Dass ein Kumpel ihn einmal im Schlaf beklaut hat, konnte Michael nicht überwinden. „Aber", so sagte er, „du musst auch am Schlechtesten noch ein gutes Stückle lassen." Michael hat sich oft mit Drogen dicht gemacht, und auch mit Kokain „hoch geschossen". Da war er richtig high und fühlte sich dem Herrgott ganz nahe. „Wenn du so im Vorzimmer des Himmels verweilst, betest du von selbst wieder ein Vater Unser."

Mit 38 kam Michael zum Erzengel Michael. Als dieser nun die guten und bösen Taten des Drogisten abwog, machte der Seelenwäger ein äußerst bedenkliches Gesicht. Da sagte Michael augenzwinkernd zum Erzengel. „Du Drachentöter. Du weißt doch, was unser Name bedeutet: Wer ist wie Gott? Wer kann schon dem Bösen immer widerstehen? Wir Männer und Frauen sind keine geschlechtslosen Wesen wie du! Und du kennst doch den Satan und weißt, wie er mit Engelszungen auf uns einredet. Ich habe oft Dinge getan, die ich eigentlich nicht wollte. Pfui Teufel! Ich bin auch ein gefallener Engel, dein Kollege sozusagen. Wenn du genau hinschaust, hält sich in jedem Menschenleben Gutes und Böses die Waage. Ich habe beim Abwägen immer ein Auge zugedrückt. Selbst wenn das Böse noch so sehr überwiegt, musst du auch am Schlechtesten noch ein gutes Stückle lassen."

Hallo Horst

Markus stellt sich jeden morgen vor den Spiegel und spricht mit seinem Horst. Nein, Markus hat keinen Vogel. Und auch keinen Kater oder Hund, der Horst heißt. Horst ist unsichtbar, aber Markus hat ihn schon gesehen – auf dem Röntgenbild. Horst sitzt Markus im Rücken, im vierten Lendenwirbel. Die meiste Zeit lässt Horst Markus in Ruhe, aber manchmal tut er ihm arg weh. Dann sagt Markus: „Hallo Horst. Ich registriere sehr wohl, dass du dich meldest. Ich verstehe, dass auch du Aufmerksamkeit brauchst. Aber du sollst es nicht übertreiben. Du hast zwar die Macht, mich lahm zu legen, aber dann bist du selbst auch ans Bett gebunden. Hör zu, Horst: Sei bitte nett mit mir. Denk daran: Wenn du mich besiegst, hast du nichts davon, denn dann liegst du mit mir auf dem Friedhof."

Leutle im Ländle

Heike ist mit ihrem Namen nicht unzufrieden, zumal sie weiß, dass es noch viel schlimmer hätte kommen können. Denn wenn es nach ihrem Opa gegangen wäre, hieße sie Henrike. Da ist ihr die friesische Kurzform Heike schon lieber. Als Heike in der 3. Klasse war, machte sie sich auf die Suche nach den Zeugnissen ihres Vaters. Stattdessen fand sie in einem Schreibtisch zwei Namensbücher, eins für Mädchen und eins für Buben. Da sah sie mehrere Namen rot unterstrichen, die ihre Eltern in die engere Wahl gezogen hatte. Heike sieht heute noch rot, wenn sie noch an die Namen denkt: Brunhilde, Gerlinde. Heike versteht nicht, dass Eltern ihren kleinen Mädchen solche Namen geben können. „Wenn du Gerlinde heißt, kannst du nicht Kind sein und darfst keine blöden Fragen stellen. Eine Gerlinde hat sich gleich wie eine Erwachsene zu benehmen. Und der Name Brunhilde passt vielleicht zu einer Frau ab sechzig oder zu einer alten Witwe, die nur noch auf den Friedhof geht. Mein Gott, wenn ich daran denke, dass ich fast so geheißen hätte ... Mit so einem Namen hätte ich nicht leben können."

Mit 11 Jahren kam Heike vom hohen Norden ins Schwabenland. Da war sie froh, dass sie nicht Henrike heißt, denn dann hätte man Rikele zu ihr gesagt. Die Schwaben verändern alle Namen, auch den ihres Bruders Knut. „Das Knutle" nannten die Mädchen bald nur noch Knutschi oder Knutschile, um ihn noch mehr zu ärgern. Heikes große Liebe war Uwe, von seinen Eltern Uwele genannt. Das konnte Heike nicht hören. Dagegen fand sie seinen Familiennamen recht putzig: Hübschle. Heike und ihr Schätzle sind inzwischen ein Pärle und haben ein niedliches Häusle mit einem Gärtle in einem netten Städtle. Die Nachbarn Häberle und Häfele schauen jeden Samstag von hinter den Gardinen genau hin, ob Heike die Kehrwoche auch richtig macht. Die kommt im Ländle noch vor dem Herrgöttle.

Am ersten Schultag

Am ersten Schultag wurden die Kinder alle namentlich aufgerufen. Als sich bei Karl-Heinz Großmann niemand meldete, wiederholte die Lehrerin den Namen: Karl-Heinz Großmann. Wieder keine Reaktion bei der Schülerschaft. Mittlerweile hatten die anderen Kinder längst entdeckt, wer dieser Karl-Heinz Großmann war und sagten ihm: „Das bist doch du!" – „Aber ich heiße doch Burschi!", war seine Antwort.

Als der neue Lehrer die Schüler einzelnen mit Namen aufrief, bekam er von einem Mädchen nur Knurr zu hören. Und wie! Darauf der Lehrer: „Warum so unfreundlich? Ich möchte doch nur deinen Namen wissen. – „Knurr. So heiße ich", knurrte die Schülerin zurück. Als sich dann in der Klasse nacheinander auch noch Schimpf und Schlecht meldeten, war der Lehrer wieder ein wenig versöhnt mit seinem eigenen Namen: Übelacker.

Zuhause auf der Couch fragt sich der Lehrer, was ihm seine Schüler Katz, Vogel, Fischle, Haas, Hund daheim zu sagen haben.

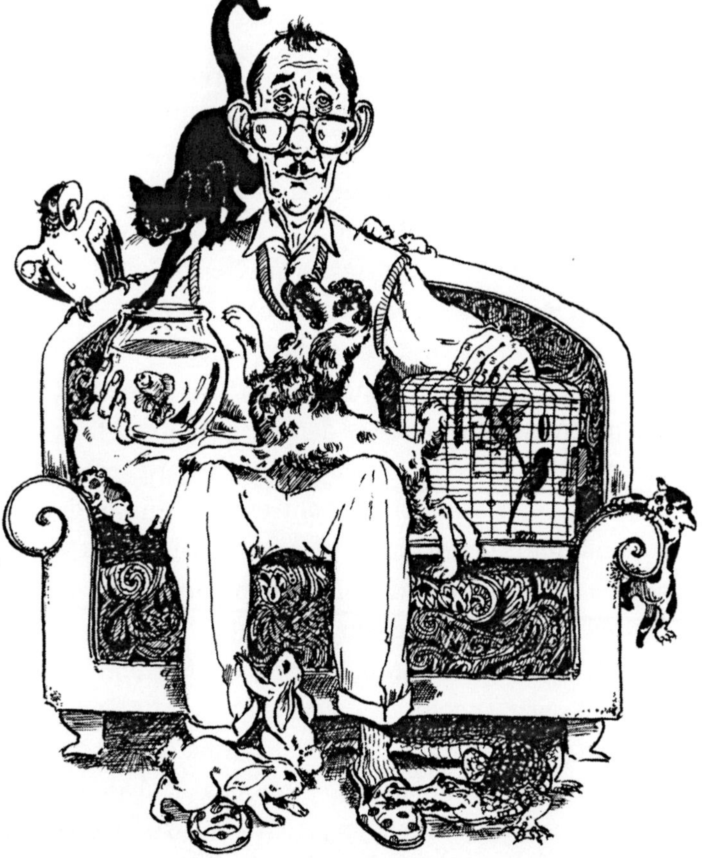

Der Doktor

Ernst, Leo, Hermann und Karl waren vier Theologiestudenten. Wieder einmal saßen sie in ihrem Stammlokal Donisl am Marienplatz. Und wieder einmal hatten sie nicht nur ein Bier getrunken. Und wieder einmal redeten die vier „Spät Berufenen" über Gott und die Welt. Und wieder einmal kamen sie leicht mit den Gästen am Nebentisch ins Gespräch. Diesmal waren es Mediziner vom Münchner Ärztekongress.

Ernst sagte ganz ernst, dass er dort am nächsten Tag ein Referat zu halten habe – über Wandernieren. Das sei schon lange sein Thema, schließlich habe er darüber promoviert. Kompetent berichtete der Nephrologe über die Schwierigkeiten, die beim Röntgen einer Wanderniere entstehen. „Immer dann wenn man ein Bild von ihr machen will, wandert sie gerade um die Ecke und wird dadurch unsichtbar." Besonders interessant fanden seine „Kollegen" die These, dass Menschen mit einer Wanderniere verstärkt den Drang verspürten, zu wandern. „Es gibt sogar Theologen, die behaupten, dass auch Jesus eine Wanderniere gehabt hat – weil er ständig von einem Ort zum anderen zog. Bei Lukas 13,33 heißt es ja: „Doch heute und morgen und übermorgen muss ich wandern." Geschickt wies der Referent auch daraufhin, dass die meisten Nierenschäden auf mangelnde Flüssigkeit zurückzuführen sind. Nach mehreren Nierenspülungen verließen die Mediziner tief beeindruckt das Lokal. Und Ernst hatte einen neuen Namen: Doktor. Im Ernst. Auch 50 Jahre nach seinem Vortrag über Wandernieren ist Ernst für seine Freunde immer noch „Der Doktor".

Wie keiner sonst

Sein Vater hatte schon vor der Geburt angekündigt: „Mein Sohn bekommt einen Namen, den sonst keiner hat." Und so lebt und läuft Friedo immer noch auf der Erde, ohne je einem Namensbruder zu begegnen. Seine Post ist adressiert an Herrn Frieda oder Frau Fridolin. Dabei schreibt sich Friedo mit ie und ist nicht die Abkürzung von Fridolin. Immer wieder behauptet Friedo: „Ich heiße Fritz", doch die Leute im Ort wissen es besser.

Friedos Frau Rosa ist stark übergewichtig, sieht das aber nicht so eng: „Schönheit braucht Platz", pflegt sie zu sagen. Und Friedo meint: „Sie hat wenigstens einen richtigen Namen."

Friedo und Rosa haben ihren Jungen Ronaldo getauft – nach dem großen Fußballstar. Christiano Ronaldo, seine Freistöße, seine Frisur, seine Figur – Rosa geht in die Knie vor ihrem Gott auf zwei Beinen, mit dem Spitznamen CR 7. „Andere mögen ihren Jungen Arjen nennen, aber gegen meinen Ronaldo sieht Robben richtig schlecht aus. Und wie theatralisch der sich im Strafraum fallen lässt!" Aber auch Christiano Ronaldo hat etwas von einem Schauspieler. Der Weltfußballer verdankt seinen zweiten Vornamen dem damaligen US-Präsidenten Ronald Reagan. Er war der Lieblingsschauspieler seines Vaters.

Cristiano Ronaldo hat inzwischen einen Sohn: Cristiano Ronaldo Jr. Den Namen der Mutter gibt CR nicht preis. Gott weiß, um welchen Preis!

Vögele gegen Fingerle

Herr Vögele wird auf der Autobahn von einem Mercedes überholt, dessen Fahrer ihm auch noch den Vogel zeigt. Das kann er sich nicht gefallen lassen und gibt Vollgas. Mit Lichthupe rast er hinter dem Mercedes her und als er auf gleicher Höhe ist, zeigt Vögele dem Übeltäter den Stinkefinger, worauf dieser nochmals mit dem Finger an der Stirn tippt. Unverschämt. Es kommt zur Anzeige. Vier Monate später stehen beide vor Gericht: Vögele gegen Fingerle. Der Richter fragt Vögele, warum er auf den Vogel von Fingerle so heftig reagiert habe. „Ich heiße Erich – reich an Ehre. Ich lasse mich durch so einen blöden Heini nicht in meiner Ehre verletzen." Sein Kontrahent konterte: „Und ich heiße zwar Fingerle. Aber mir zeigt keiner ungestraft den Stinkefinger. Und schon gar nicht so ein abgefahrener Manta-Typ. Nicht umsonst trage ich den Namen Eberhard und bin hart wie ein Eber. Und wenn dann noch einer wie eine gesengte Sau hinter mir her rast, ist es doch nur normal, dass ich ihm noch einmal den Vogel zeige." Am Ende verurteilte der Richter beide Prozessgegner zu 20 Sozialstunden in einem Heim für Schwererziehbare. Da zeigten ihnen die Jungs regelmäßig den Vogel und den Mittelfinger, was für Fingerle und Vögele durchaus heilsam war.

Das große Geheimnis

„Namen nennen dich nicht." Aber der Mensch möchte den Namenlosen namhaft machen. Mit Namen, die das Göttliche nicht sagen. Das Mysterium schlechthin ist unsagbar. Weil die alten Juden das Geheimnis seines Namens nicht entheiligen wollten, wagten sie es nicht den Namen Gottes auszusprechen.

Viele Muslime kennen die 99 schönsten Namen Allahs auswendig und sagen sie regelmäßig auf. Dafür benützen sie eine Gebetskette aus 99 oder 33 Perlen, die sie durch die Finger gleiten lassen. Bei jeder Perle sagen sie einen der 99 Namen Allahs. Und was ist mit dem 100. Namen? Als Mohammed in der Vision die 100 Namen Allahs empfing, teilte er 99 Namen den Menschen mit, einen jedoch seinem Kamel. Und dessen Nachkommen haben dem Homo sapiens bis heute nicht den letzten Namen Gottes verraten: Dies ist der Grund dafür, weshalb das Kamel seinen Kopf so stolz erhoben trägt.

Josef hat seine Finger im Spiel

Josef, der Zimmermann aus Nazareth soll durch ein Wunder der Ehegatte der Jungfrau Maria geworden sein, erzählt eine Legende. Man habe Stäbe für alle unverheirateten Männer aus dem Geschlechts Davids in den Tempel gebracht. Auf diese Weise sollte der von Gott vorbestimmte Mann für Maria gefunden werden. Nur der Stab Josefs sei zur Lilie erblüht.

Josef war nur der vermeintliche Vater Jesu, der pater putativus = pp = Pepe. Die gibt es in Süd Spanien so viele wie Sand am Meer. Josef bedeutet: Gott möge vermehren. Weltweit werden es immer mehr: Jupp, Joop, Jo, Jos, Joe, Beppo, Josef-Maria, Giuseppe, Sepp. Ein gewisser Sepp hat uns beigebracht, dass der Ball rund ist und ein Fußballspiel 90 Minuten dauert. Der Blatter Sepp schreibt ebenfalls Fußballgeschichte und hat eine Weste, die ist so rein wie Josefs Lilienblüte. Josef hat den Fußball in der Hand. Pep Guardiola, José Mourinho, Jupp Heynckes. Ohne Josef geht nichts.

Der heilige Josef hatte auch seine Finger im Spiel, als Paderborn den Aufstieg in die 1. Fußballbundesliga geschafft hat. Im erzkatholischen Paderborn ist Josef allgegenwärtig, wie auch folgende Geschichte zeigt.

Die eine Oma hieß Josefa, die andere Josefine. Josef war der Name der beiden Großväter. Der Vater hieß Franz Josef. Und es gab mehrere Josef-Onkel. Der Junge war auch ein Josefs-Kind: Ulrich Josef. Er hatte bald die Nase voll vom keuschen Josef, dem großen Vorbild für das männliche Geschlecht in der katholischen Kirche. Ulrich Josef und seine Frau führten keine Josefs Ehe und waren sich einig, dass ihr Junge nicht den Namen Josef bekommen sollte. Und als er dann sechs Wochen zu früh zur Welt kam, nannten sie ihn auf die Schnelle Christian. Hauptsache kein Josef. Doch dann merkten sie, dass ihr Sohn ausgerechnet am 19. März geboren wurde, am Tag des Heiligen Josef.

Conchita Wurst

Conchita Wurst gewann am 10. Mai 2014 den Eurovision Song Contest mit dem Lied „Rise like a Phoenix". Der Travestiekünstler aus Österreich heißt eigentlich Thomas „Tom" Neuwirth. Den Namen Conchita bekam er von einer Freundin aus Kuba und behielt ihn bei. Den Nachnamen wählte er, weil es eben „Wurst" ist, woher man kommt und wie man aussieht. Und es ist auch Wurst, warum ein Mensch anders ist als die anderen.

Conchita Wurst plädiert durch ihr extravagantes Aussehen für Gleichheit der Geschlechter sowie Gleichberechtigung aller sexuellen Lebensformen. Das Auftreten als Frau/Mann, Mann/Frau ist auch eine Reaktion gegen Diskriminierungen, die Neuwirth als Schwuler in seiner Jugend erfuhr. Seine Botschaft: Jeden Menschen so akzeptieren und respektieren wie er ist.

Manche Menschen lassen sich genetisch nicht eindeutig als männlich oder weiblich einordnen. Wer bei der Geburt wie ein Mädchen aussieht, kann trotzdem das Männliche in sich tragen. „Ich bin kein Mann, ich bin keine Frau", sagt der Mensch, der sich Vanja nennt, weil der Vorname sowohl für Frauen als Männer passt. Trotzdem muss sich auch Vanja bei den nach Geschlechtern getrennten Toiletten zwischen männlich oder weiblich entscheiden, genauso wie beim Ausfüllen von Formularen.

Einen Tag nach dem sensationellen Sieg des Sängers in Frauenkleidern mit Vollbart wurde in einem belgischen Tierpark ein Robbenbaby geboren: Conchita. Ein Mädchen? Ist auch Wurst.

Die hinkende Ballerina

Edith und Edwin brachten ihre Tochter Claudia schon mit sechs Jahren zum Ballettunterricht. Sie träumten davon, dass ihre Tochter einmal eine berühmte Ballerina werden würde und sahen ihren Namen schon groß auf Plakaten. Aber es dauerte nicht lange, da wollte Claudia nicht mehr ins Ballett. Ihre Gedanken kreisten vielmehr um die „dummen" Kinderfragen: „Mama, ist die Milch in deinen Brüsten auch von der Kuh? Weshalb bin ich ich? Warum heiße ich so?" Als sie herausfand, dass Claudia die Hinkende bedeutet, sagte sie ihren Eltern: „Eine schöne Ballerina!" – „Kind, das haben wir doch nicht gewusst. Sonst hätten wir dir niemals diesen Namen gegeben", versicherten ihr die Eltern. Und die Mutter fügte hinzu: „Ich war damals sowieso dafür, dass du den Namen Lea bekommst." – „Ach, das wäre auch nicht besser gewesen", antwortete Claudia, „denn Lea heißt die Kuhäugige." Große Augen machten die reichen Eltern, als sie von ihrer Tochter zu hören bekamen: „Ich weiß, warum ihr zwei geheiratet habt. Edwin bedeutet nämlich der Freund des Besitzes und Edith die Besitzhüterin."

Nomen est omen

Nicht wenige Männer, die auf der Straße leben, haben nur schlechte Erinnerungen an ihren Vater. Peter zum Beispiel wollte Karikaturist werden. Er sollte aber etwas Gescheites lernen, so wollte es sein Vater. Mit seinem handwerklichen Beruf war er dann ein Leben lang unglücklich. Und Judy hatte einen gewalttätigen Alkoholiker-Vater, der die Mutter geschlagen hat. Zusammen mit ihren vierzehn Geschwistern hatte sie alles andere als einen guten Start ins Leben. Treffpunkt für Obdachlose in Ludwigsburg ist die Tagesstätte. Dort gibt es mittags ein warmes Essen, das sie bezahlen können: 1.50 Euro. Und wie gut das schmeckt! Erst recht seit sie dort einen neuen Koch haben. Er kocht nicht nur ausgezeichnet für die Wohnsitzlosen, sondern er bezieht sie auch in der Küche mit ein. „Man kann noch viel von ihm lernen!" sagen sie dann begeistert von ihrem väterlicher Freund: Horst Vater.

Heinz Günter hatte nach langem Warten ein Zimmer in einem Männerwohnheim. Im Winter nahm er öfters einen Menschen von der Straße mit in sein Zimmer. Er ließ den Gast dann in seinem Bett schlafen, während er sich in den Sessel setzte. So viel Mitgefühl und Menschlichkeit haben nur wenige. Aber Heinz Günther hieß ja auch Mensch.

Hermann hört nicht auf den Lärm dieser Welt. Er ist taub gegen das doofe Gerede der Leute. Jeden Morgen zieht es ihn zum Ententeich. Dort dirigiert er den Quack-Quack-Chor. Hermann spricht mit den Händen, ist ein echter Hand-Werker: Hermann Handwerker.

Die Mausi, der Mausi

Ulrike wurde im Januar 1952 bei klirrender Kälte getauft. Als sie von der Kirche in die Wohnung zurückgebracht wurde, legte ihre Taufpatin das fast erfrorene Mädchen auf die Marmorplatte des Ofens. So kam langsam wieder Leben in die Frischgetaufte. Die Taufpatin Elisabeth war die einzige Tochter der schon etwas älteren Eltern, die ihr Kind immer nur und von Anfang an Mausi nannten. Mausi wuchs heran, wurde Fürsorgerin und blieb unverheiratet. Ihre Eltern erfreuten sich bis ins hohe Alter der umsorgenden Liebe ihrer Tochter. Niemals sprach jemand von ihr als „Fräulein Hofmann". Alle nannten sie nur Mausi.

Als vor einem Jahr eine hochbetagte Dame in einem Altenheim verstarb, wussten die wenigsten, dass die verstorbene „Elisabeth Hofmann" eigentlich Mausi war. Und so geht es auch den Vorübergehenden an ihrem Grab. Aber ihr Patenkind Ulrike weiß sehr wohl, dass Mausi da liegt. Aus die Maus. Doch das hindert die Fürsorgerin nicht daran, mit Freude den Tisch zu decken für ein paar Millionen Lebewesen.

Der Mausi taucht tief unter Wasser. Wenn er dort atmen könnte, würde er gar nicht mehr auftauchen. Als kleiner Bub lief er immer ängstlich um das Schwimmbecken, bis sein Vater ihn eines Tages ins Wasser warf. Bald war er eine richtige Wasserratte. Aus Ratte wurde Mausi und diesen niedlichen Namen trägt der kräftige Kerl bis heute. Kaum jemand kennt Mausis richtigen Namen. Auf seinem Grab wird er nicht stehen, denn Mausi wird wohl für immer in die Tiefen des Meeres eintauchen.

Ach du lieber Gott

Gott ist auch nicht mehr der, der er war: ein alter Mann mit Bart. „Als Gott Adam schuf, übte sie nur." Die Emma-Bibel übersetzt den Jahwe-Namen: „Ich bin die, die ich bin!" (2 Mose/Ex. 3.14) Doch Kinder fragen weiter: „Mutti, wie heißt Gott eigentlich mit Nachnamen?" Gott Jesus – Jesus Gott. Damit hat nicht nur Alice Schwarzer ihre Probleme.

Weiß Gott, wie Gott heißt! Aber ich weiß wenigstens, warum wir vom lieben Gott reden. Als ich am Strand jogge, kommt ein großer Hund auf mich gerannt. Während ich angstvoll dem drohenden Unheil ins Auge sehe, höre ich sein „Herrchen" rufen: „Der tut nichts. Der ist lieb!" Ach du lieber Gott, du bist lieb, weil du nichts tust. O Gottogott! Könntest du nicht wenigstens dafür sorgen, dass die Hundehalter ihren Nichtstuer anleinen!?

Der Humpel-Toni und die Mösch

Anton Bodai war ein armer Schlucker. Nach einem Arbeitsunfall hatte er seine Arbeit und seine Frau verloren. Die Verletzung am Bein führte dazu, dass er sein Bein nachzog, hinkte. Deshalb nannten ihn seine Kumpel aus der Obdachlosenszene Humpel-Toni.

Aber Anton Bodai hatte eine gute Geschichte auf Lager, die er allen seinen Kumpeln erzählte: Er stammte aus Ungarn, war Baron und hatte dort ein Vermögen an Ländereien…

Nur schade, dass auf der Geburtsurkunde, die Anton von Bodai für einen neuen Pass brauchte, beim Beruf des Vaters „Hilfsarbeiter" stand. Aber er musste ja, wenn er mit seinen Kumpeln in fröhlicher Runde bei einer Flasche Billig-Wein zusammensaß und ins Erzählen kam, nicht davon erzählen… Und dass Bodai Bettelheim bedeutet, wusste der Bettelbaron selbst nicht.

Humpel-Toni war kein Weg zu weit, um an einer Pfarrhaustür seine Baron-Geschichte zum Besten zu geben. So kam er auch einmal zu Pfarrer Josef Rüssmann und bekam von ihm ein großes Lob: „Alle die hier zum Betteln anklopfen, tischen mir irgendwelche Stories auf. Aber Sie erzählen Ihre Geschichte so echt, dass mir das allein schon zehn Euro wert ist. Herr Baron."

Josef Rüssmann hatte als „Kölscher Jung" früher im Mainzer Priesterseminar den Spitznamen „die Mösch" gehabt – nach dem Kölner Karnevalslied von Willy Ostermann: Wie kütt die Mösch, die Mösch, die Mösch bei uns en die Köch.

Etwa 40 Jahre später war Josef Rüssmann bei der Beerdigung eines Mainzer Weihbischofs. Beim anschließenden Kaffeetisch saß etwas weiter auch sein ehemaliger Studienkollege Gerhard Müller, Präfekt der römischen Glaubenskongregation. Als einige Gäste schon gegangen waren, rückte Rüssmann etwas näher zu dem römischen „Aufsteiger" heran und fragte ihn: „Kennst du mich noch?" Da schaute der hohe Würdenträger den Josef an und rief spontan: „Mein Gott, die Mösch!"

Goldige Gaby

Erika war in froher Erwartung. Ihr Freund Uwe wollte, dass ihre Tochter Gaby heißt. Aber für Erika war dieser Name gestorben. Das konnte Uwe nicht verstehen. „Aber wieso denn? Du weißt doch, dass Gaby von Gabriele kommt. Und du hast es sonst doch auch so mit den Engeln." warf Uwe ein. „Von mir aus kann unser Mädchen Michaela heißen, aber nicht Gaby." – „Aber dann sagen doch alle Michi zu ihr", gab Uwe zu bedenken. „Da ist Gaby doch viel besser." – „Nein, ich will keine Gaby", stellte Erika noch einmal klar. – „Aber warum denn?" bohrte Uwe weiter.

„Wenn du es unbedingt wissen willst, sage ich es dir. In unserem Juweliergeschäft kam eines Tages eine gute Kundin in Begleitung ihrer Tante. Als ich den beiden ein paar Schmuckstücke vorlegte, beugte sich Tante Gaby weit über den Auslagetisch und betrachtete die Juwelen. Dabei fiel ihr plötzlich die obere Zahnprothese auf die Schmuckstücke. Seitdem nehme ich den Namen Gaby nicht mehr in den Mund."

Das Vögelchen

Vogel war Lissys Familienname. Das Vögelchen wurde sie früher im Ort genannt. Ihr Bruder Franz war das Vögele. Nun war Lissy gestorben, nachdem ihr ganzer Körper verkrebst war. Bei ihrer Trauerfeier flog ein Vögelchen vorne durch die alte Friedhofskapelle – von einem Bäumchen zum anderen. Manchmal flog es ganz knapp über den Sarg von Lissy, um ihr Lebewohl zu sagen. Und immer wieder zwitscherte der kleine Spatz und tröstete die Trauernden. Lissy, das Vögelchen ist jetzt frei, befreit von ihrer schweren Last. Auch das Vögele Franz war nicht mehr traurig und wusste: Lissy ist heimgeflogen. Und so machte das Vögelchen den Abschied vom Vögelchen allen etwas leichter.

Ochs-Orff: Da ist Musik drin

Christiane musste ihren Mädchennamen Kesch manchmal buchstabieren. K wie Kamel, E wie Esel, Sch wie Schaf – ihre Lieblingstiere. Aber sie liebte auch den Ochs, den Claus Ochs so sehr, dass sie bei der Trauung seinen Namen annahm. So meldete sie sich am Telefon mit „Ochs" – und bekam Antworten wie „Ja, und hier ist der Schlachthof" oder „Ja, Esel". Auch die Kinder vom Ochsengespann wurden mit ihrem Namen nicht glücklich. Andreas und Daniela waren schon im Kindergarten die kleinen Öchsle und das blieben sie auch in der Schule. Und als die Ochs-Familie dann in den Nachbarort umziehen wollte, kam Andreas ganz bekümmert heim. Auf Befragen der Mutter hin sagte er kleinlaut: „Ach Mama, das Wegziehen, eine fremde Umgebung, fremde Menschen, neue Schule – und ... und ... dann noch DER Name." Nachdem auch Vater-Ochs die Not seiner Kinder mitbekommen hatte, war er einverstanden mit einer Namensänderung. Dazu mussten sie auf dem Rathaus darlegen, wie sehr die Kinder unter dem Namen Ochs zu leiden hatten und 500 Mark berappen. Nun durfte die Familie sich einen neuen Namen aussuchen. Am besten einen wieder mit „O", damit die Initialen weiter stimmen würden. Es gab viele Vorschläge und Diskussionen. Bis Andreas eines Tages nach dem Musikunterricht von der Schule heimkam und vorschlug: „Wie wär's mit „Orff?" Aber kann man sich einfach den Namen eines Musikers oder Komponisten aneignen und sich „Herr Mozart" oder „Frau Beethoven" nennen? Zum Glück ist Carl Orff nicht so bekannt. Und so wurde aus der Familie Ochs pünktlich zum Umzug Familie Orff, mit neuen Papieren – nachdem auch die

Nachfahren von Carl Orff im Augsburger/Münchner Raum nichts dagegen hatten.

Im neuen Wohnort wusste niemand, dass das Ehepaar Orff früher Herr und Frau Ochs waren und auch die Öchsle hatten in der Schule keine Probleme mehr. Im Gegenteil.

Einige Jahre nach dem Umzug nahm Andreas´ Musiklehrer seine Mutter beiseite und meinte: „Ich muss Sie jetzt einfach mal darauf ansprechen! Ich habe schon einige Male bei Andreas angefragt, ob er verwandt oder verschwägert sei mit Carl Orff, aber er hat mir glaubhaft versichert, dass dies nicht der Fall sei." Tja, mehr hatte Andreas klugerweise seinem Lehrer nicht erzählt. Denn wäre die Namens-Geschichte in der Schule und im Ort durchgesickert, wären die Kinder sicher wieder von ihren Mitschülern umbenannt und gehänselt worden.

Für die 500 D-Mark hätten die „Ochsen" sich ein Schlafzimmer kaufen können – aber so hatte die ganze Familie mehr von dem Geld.

Später trennten sich Christiane und Claus, aber er trägt auch heute noch den Namen Orff, während seine Brüder weiterhin Ochs heißen und auch stolz auf ihren Namen sind.

Oerle-Läpple

Oerle – der Name passt gar nicht zu seinen großen Ohren. Und dann stehen sie auch noch weit ab. Lange Zeit gab der Friseur sich viel Mühe, Oerles Ohren hinter seinen Haaren zu verstecken. Bis Oerle ihm eines Tages sagte: „Lassen Sie es lieber bleiben. Meine abstehenden Ohren stehen zu mir. Und ich stehe zu ihnen."
Oerles´ Segelohren stören auch seine Freundin nicht. Denn sie glaubt, dass er ihr deshalb so gut zuhören kann. Ihre kleinen Öhrchen findet Oerle niedlich und mag die süßen Läppchen. „Läpple, du süßes kleines Ding. Ich könnte dich fressen." – „Und ich könnte dich umbringen, wenn du neben mir den Wald absägst. Da hilft auch kein Oropax – von wegen Frieden den Ohren." Dem Schnarchen zum Trotz sind beide immer noch ein Liebespaar. Es könnte daran liegen, was Oerle in einem Heft beim Frisör einmal gelesen hat: Es sei wissenschaftlich bewiesen, dass Frauen einen viel intensiveren Orgasmus bekommen, wenn ihnen der Mann vorher etwas Liebes, Zärtliches ins Ohr flüstert. Darum heißt es ja „Ohrgasmus".

Sir Henri

Deandra James Bond, heißt sein Vater. Und seine Mutter: Château de Carlin Home Orchidea. Sein Großvater war maltesischer Champion: Broughcastl News Flasch at Norkius. Und seine Großmutter, russischer Champion, ist auch nicht irgendwer: Viale Fiona de Mariane S Bul´vera Brics. Sein Stammbaum kann sich sehen und sein Name hören lassen: The Brave One von Fancy`s Madbull´s.

Ja, mutig ist der Mops und hat auch vor nichts Angst. Die Züchterin nannte ihn Zorro. Als Melanie den kleinen Clown dort sah, fand sie den Namen Henri passender. Bei sich zu Hause wusste der schlaue Kasper bald all von sich zu überzeugen. Sir Henri hat auch menschliche Züge, stellt der Opa fest. Wenn er beim gemeinsamen Frühstück etwas nicht bekommt, blinzelt er so lange, bis ihm eine Träne aus dem Auge fließt und er dann doch noch bekommt, was er will. Und um noch mehr Essen zu bekommen, tut der verfressene Mopps alles.

Sonderschullehrerin Melanie nimmt Sir Henri morgens mit in die Klasse. Dort geht der kontaktfreudige Henri auf alle zu und begrüßt jeden einzeln. Sir Henri mit der Plattnase hat ein besonderes Gespür dafür, wie es dem Einzelnen geht. Er nimmt Anteil an den Sorgen seiner Freunde. Wenn sie im Kreis sitzen und erzählen, was gerade los ist, setzt Henri sich häufig auf den Schoß von Rita. Sie ist eine ganz schwache Schülerin und lebt im Heim. Der Seelentröster isst mit den Schülern einen Apfel oder auch mal eine Banane. Sir Henri musste auch schon mal kotzen. Dann erst merkt man, wie besorgt alle um ihn sind und wie sehr sie ihn mögen: Was ist mit dem Henri? Ist der Henri krank? Auch der Schulleiter weiß, dass Sir Henri den Schülern gut tut und ihn hilft, Gefühle zu zeigen.

Sir Henri bringt Farbe in die Klasse. Und dann hat er noch einen tiefschwarzen Streifen von den Vorderbeinen über den Rücken bis zum Schwanz. Ein besonderes „Schönheitskriterium", sagt Melanie, die Schwarze, die schön blond ist.

Frau Meier frisst schon wieder

Edda und ihre Tochter Claudia kauften zusammen zwei Katzen. Claudia nahm ein dreifarbiges Mädchen und gab der Glückskatze den Namen Frau Meier. Edda nannte ihr Bübchen Mr. Bean. Wie der Komiker brachte das Kätzchen das Publikum mit seinen lustigen Einfällen immer wieder zum Lachen.

Mit der Zeit sollte Frau Meier sterilisiert und Mr. Bean kastriert werden. Als Edda und ihr Mann Herbert beide Katzen in der Praxis abholen wollten, bat der Tierarzt sie, erst einmal Platz zu nehmen. Sie bekamen einen Schreck, denn bei der Kastration kann es verschiedene Komplikationen geben. Freundlich aber bestimmt sagte ihnen der Arzt: „Euer Bub ist ein Mädchen und ich habe es gleich auch sterilisiert!" Mister Beam war also eine Missis, die von nun an Bärli genannt wurde – weil das Kätzchen so ein weiches Fell hatte, noch weicher als das auf Herberts Brust, Eddas großes Bärli.

Eines Tages erkundigte sich eine Bekannte an der Kasse, wie es Frau Meier geht, denn sie wusste, dass „Madame" krank war. Froh erzählte Edda laut: „Frau Meier geht es gut, sie frisst schon wieder." Verwunderte Gesichter.

Ein anderes Mal fragte eine Kundin Edda nach Frau Meier. „Sie ist gestern abgehauen über das Dach!" antwortete sie – zum Erstaunen der Umstehenden.

Die beiden Katzen waren am 1. April 19 Jahre alt. Da kopierte Edda Bärlis (Impf)Ausweis am Scanner und verschickte das „Dokument" ihrem Freundeskreis mit dem Hinweis, dass 19 Katzenjahre genau 100 Menschenjahre sind. „Deshalb kommt unser Bürgermeister vorbei und gratuliert der

Jubilarin persönlich. Er kommt ja zu allen Hundertjährigen mit einem Geschenk der Stadt!" Die Geburtstagsgäste hatten ihren Spaß und prosteten Bärli fröhlich zu. Eine Freundin hat Eddas April-Scherz geglaubt und war enttäuscht, dass der Bürgermeister nicht kam.

Man gönnt sich ja sonst nichts

Lothar fegte am 2. Weihnachtstag 1999 über Süddeutschland hinweg und richtete schwere Schäden an. Daran erinnern auch die umgestürzten Baumstämme des Lothar-Pfads im Hochschwarzwald.

Jedes Tief hat wie auch jedes Hoch einen Namen. Zunächst wurden weibliche Vornamen für Unwetter verwendet. Um einer Frauendiskriminierung entgegen zu wirken, wurde später ein turnusmäßiger Wechsel von weiblichen und männlichen Vornamen beschlossen. In diesem Jahr tragen die Tiefdruckgebiete weibliche und die Hochdruckgebiete männliche Vornamen. Im kommendem Jahr ist es umgekehrt.

199 Euro kostet der Spaß, das Tief nach seinem Namen zu benennen. Dagegen wird für ein Hoch ein wesentlich höherer Preis verlangt: 299 Euro. Schließlich haben Hochdruckgebiete eine deutlich längere Lebensdauer und verbleiben daher länger auf den Wetterkarten. Ob Hoch oder Tief, 19 Prozent Mehrwertsteuer sind so oder so fällig. Was soll´s! Man gönnt sich ja sonst nichts.

Und wem das immer noch zu wenig ist, kann noch immer einen Stern auf seinen Namen taufen lassen.

Früher war es Petrus, der hoch über den Sternen die Hoheit über das Wetter hatte und die Himmelschleusen öffnete. Auch heute noch gibt er uns den guten Rat: Ob du lachst oder weinst, es regnet. Also lache, wenn es regnet.

P.S.: Bei der Schiffstaufe ist es stets eine Frau, die Pate steht, da ein männlicher Taufpate als ein böses Omen gilt. Von wegen Gleichberechtigung.

OK, KO & Co

„Klar wie Klärchen." Diesen Spruch konnte Hans nicht leiden. Früher hatte er seine Frau Klara Klärchen genannt. Aber das war lange her. Statt „Alles klar" sagte Hans lieber: „Alles Roger." Bis sein Sohn Rudi ihn fragte: „Warum sagst du immer „Alles Roger, warum nicht „Alles Rudi?" Das konnte ihm Hans nicht erklären, aber Rudi hatte es heraus gegoogelt: Roger ist im Funkbereich die Bestätigung für den Empfang einer Nachricht. Roger steht für received: „empfangen", „verstanden". „Alles Roger" bedeutet „alles in Ordnung." – „Ach so," meinte Hans, „dann kann ich auch Okay sagen." – „Dabei weiß kein Mensch, woher das bekannteste Wort der Welt kommt", belehrte ihn sein Sohn. „Manche glauben, dass O und K die Anfangsbuchstaben des Namens eines deutschen Ingenieurs (Otto Keller) waren, der bei Ford die Aufgabe hatte, die fertigen Autos zu kontrollieren. Die Wagen, die er als tadellos befand, habe er mit seinen Initialen gekennzeichnet. Die Käufer sollen solche O.K.-Autos aufgrund der deutschen Gründlichkeit bevorzugt haben." – „Okay", seufzte Hans. Sein Sohn war noch nicht fertig. „Wenn man OK umdreht, hat man KO. Manche haben einen Knockout-Namen. In meiner Klasse hieß einer Kackmann, Kurt Kackmann. Er hat sich umbenennen lassen und heißt jetzt Klostermann. Aber auch bei Kloster muss ich noch an Kacke denken." – „Klar, das ist Scheiße", sagte Hans, die andere Hälfte von Klara, einst Klärchen.

Gotthilf – Traugott

Gotthilf Fischer fing an zu schweben; im Bad erschienen ihm die „himmlischen Heerscharen". Der Dirigent der Fischer-Chöre war auf der Love Parade richtig high, nachdem ihm jemand eine Ecstasy-Pille ins Bier geworfen haben soll. Gotthilf hörte die Engel schon mehrmals singen. Seinen zweiten Flugzeugabsturz in Brasilien überlebte er mit schweren Verletzungen. Und bei einem Crash auf der Autobahn mit 150 km/h. hatte er Glück, dass sein Schutzengel noch schneller angeflogen kam. Bei einem Vatikan-Besuch fiel Fischer von einem Kirchendach ein Stein vor die Füße. „Einen Schritt weiter und ich wäre tot gewesen! Ich stand schon elf Mal vor der Himmelstür." Im Kriegswinter 1945 wäre Gotthilf Fischer fast erfroren. Ein Pfarrer findet den Knaben im Schnee und rettet ihn. Es ist als ob der Herrgott persönlich seine schützende Hand über den Blondschopf hält und ihm bei seiner Geburt gesagt hat: „Fürchte dich nicht. Ich habe dich bei deinem Namen gerufen. Du bist mein."

Traugott, der Name steht auch für Vertrauen in Gott. „Wer Gott dem Allerhöchsten traut, der hat auf keinem Sand gebaut." Wie oft schon hatte Traugott dieses Lied aus vollem Herzen gesungen?! Und nun sang der Vater von vier Kindern es auch noch auf dem Sterbebett. Mit 51 Jahren. Auf seinem Grabstein steht eingemeißelt, worauf Traugott zutiefst vertraut hatte:
Gott macht keinen Fehler.
Was Gott tut, das ist wohl getan.
Don´t forget TrauGott.

Familie Katzer

Hannelore hat als zweiten Vornamen Hiltrud, doch nur auf dem Papier. Alle kennen sie nur als Hanni, wie sie auch schon von ihrer Mama liebevoll genannt wurde. Es sei denn, sie hatte etwas angestellt. Dann rief die Mutter sie mit ihren beiden Vornamen und zog sie in die Länge: „Hanne-loore! Hil-truud!"

Diese „Praxis" übernahm Hanni auch bei ihrem Mann Manni, der öfters mal nicht rechtzeitig vom Frühschoppen heimkehrt. Jedes Mal bekommt er dann im strengen Ton seine beide richtigen Vornamen zu hören. Und wie! „Man-fred! Chris-ti-an!" Und dann weiß Manni, wie spät es ist.

Die Familie Hanni und Manni Katzer sind große Katzenfreunde. Zuerst hatten sie Whisky, dessen Fell aber so dunkelbraun war, das er besser Cognac geheißen hätte. Kaum war Whisky unter der Erde, kam Sushi. Seit seiner Kastration war Sushi Uschi und starb eines Tages ganz plötzlich. Ohne Katze aber kein Katzer. Doch diesmal kein Kater, sondern ein Fräulein, das den gleichen Namen wie Frauchen bekam: Hannelore. Die kleine süße Hanni wird von Hanni maßlos verwöhnt und darf alles: Kabel kauen, Wände zerkratzen. Hannelore lächelt nur, wenn es Telefon klingelt und Hanni den Hörer herunterschmeißt. Da mag Manni noch so laut „Hannelore! Hannelore!" rufen. Nun hat Hannilein auch noch auf Mannis Bürostuhl gepinkelt. „Hannelore! Hannibal!", schrie Manni, „Hannelore! Hannibal! Mir reicht´s. Ich ziehe aus!!" Das tat er dann auch, aber Manni vermisste seine Hanni so sehr, dass die Katzer-Familie alsbald wieder komplett war.

Eine Sauerei

Die Schlachtung einer Giraffe im Zoo von Kopenhagen hat auch bei uns starke Proteste ausgelöst. Die Empörung war auch wohl deshalb so groß, weil die Giraffe einen Namen hatte: Marius.

Ein Schwein, das Susi oder Paulchen heißt, tut den Kindern auf dem Bauernhof leid, wenn es zum Schlachthof abtransportiert wird. Und viele würden das Rippchen oder Steak auf dem Teller stehen lassen, wäre daran ein Zettel mit dem Namen des geschlachteten Schweins. Personifizierte Hähnchen blieben uns im Hals stecken.

Elsa hieß das Schwein, das als erstes im Betongrab „Probe liegen" durfte. Es diente als Versuchskaninchen, um eine beschleunigte Verwesung für andere Säugetiere zu testen. Auch das Schwein ist ein Mensch, sagen die Russen.

Trotzdem klingt es komisch, wenn ein Kollege im Discounter „Frau Schwein" an die Kasse ruft. Maria Catharina Schwein, Luise Charlotte Schwein finden ihren Namen eine Sauerei. Zahlreiche Familien namens Schwein zogen im Dreißigjährigen Krieg aus dem zerstörten Schweinheim in das benachbarte Jockgrim. Dort gibt es immer weniger Schweins, weil gerade der Hafen der Ehe eine willkommene Gelegenheit ist, den lästigen Zuruf Herr oder Frau Schwein los zu werden.

Das Schwein lebt immer noch weiter in vielen Familiennamen: Schnitzel, Kotelett, Wursti, Schweinebart, Schweinefleisch, Schweinle, Schweinhirt, Schweinsteiger. Auch Eberhard trägt das Schwein in sich.

Willy, das Kampfschwein lautete der Spitzname von Marc Wilmots bei den Schalker Fans. Er betreut inzwischen die belgische Nationalmannschaft. Schweini & Co haben Schwein gehabt, dass sie bei der WM in Brasilien nicht gegen die „Roten Teufel" antreten mussten, denn die spielen saumäßig gut.

Wenn der Name unter die Haut geht

Silke hat den Namen ihres ein Jahr alten Jungen mit Geburtsdatum auf die Brust eintätowieren lassen: JONATHAN 12. 4. 2012. Ihr Mann war strikt dagegen. „Was glaubst du, wie unser Sohn das später finden wird?" – „Keine Ahnung. Aber er ist und bleibt mein Kind. Mein Leben lang." – „Aber wenn du seinen Namen schon verewigen wolltest, warum ausgerechnet auf der Brust?" – „Weil ich den Jonathan unter meinem Herzen getragen habe. Und meine Milch war seine erste Nahrung. Deshalb auf der Brust." – „Ich finde das trotzdem komisch. Dann schon eher am Unterarm. Da wäre dein JONATHAN wie ein Armband gewesen und du hättest ihn immer sehen können." – „Aber die anderen auch. Und das wollte ich nicht. Übrigens hätte das Einstechen über die Pulsadern noch viel mehr weh getan, da die Haut dort ganz dünn und gespannt ist." – „Ich verstehe überhaupt nicht, dass Menschen sich freiwillig solche Schmerzen zufügen lassen. Stich für Stich. Hunderte Nadelstiche im Sekundentakt. Das ist doch der Wahnsinn!" – „Die Liebe macht´s möglich." – „Und wie viele laufen mit dem Namen einer Verflossenen herum! For ever!" – „Ja, das ist peinlich.
Partner kommen und gehen."

– „Kein Vergnügen, einen Menschen mit Haut und Haar zu lieben mit dem Namen der Ex vor Augen. Dann noch lieber den Namen seiner Mutter auf der Haut tragen. Da blamiert man sich nicht." – „Ebenso wenig wie mit dem Namen seines Kindes. Und wenn es dann noch den schönen Namen der Möwe Jonathan trägt." – „Aber Jonathan ist doch auch eine Apfelsorte. Und du wirst sehen: Der Apfel fällt nicht weit vom Baum."

Schöne Bescherung

So lange ist es noch nicht her, da hatten die Männer das Sagen. Und die Frauen waren dazu da, Kinder zu gebären. Ihnen einen Namen zu geben, war oft auch noch Männersache. So war es bei Hannes. Jedes Mal, wenn seine Frau Gertrud wieder ein Kind geboren hatte, schaute Hannes auf den Kalender und gab dem Nachwuchs den Namen des Tagesheiligen. Als nun Ottmar, Aurelia, Fabiola und Vinzenz noch ein Geschwisterchen bekamen, gab es ein Problem. Auf dem Kalender stand: Gründonn. Der Standesbeamte machte dem sturen Hannes klar, dass er seine Tochter nicht nach der Abkürzung von Gründonnerstag benennen konnte. Nach langem Hin und Her wurde aus Gründonn Gudrun.

Ein Christkind. Und dann noch ein Christian, ein Anhänger Christi! Seine Eltern Irene und Franz waren überglücklich. Alles wäre so schön gewesen, wenn, ja wenn es da nicht diese beiden Kirchen gäbe. Die hatten schon bei der Trauung für einen heftigen interfamiliären Streit gesorgt. Irene stammte aus einem pietistischen Elternhaus und Franz aus einer streng katholischen Familie. Und nun wollten beide ihren Sohn nicht evangelisch oder katholisch, sondern christlich taufen lassen. „Das gibt´s nicht", sagten die beiden Pfarrer einstimmig. Keine christliche Taufe für das Christkind Christian. Eine schöne Bescherung.

Nur noch eine Nummer, Minna

Nelson Mandela war 18 Jahre auf der Gefangeneninsel Robben Island inhaftiert. „46664. Ich war nur als Nummer bekannt, Nummer 466, die 64 dort inhaftiert war."

Es ist noch nicht so lange her, da mussten auch bei uns die Häftlinge beim Öffnen der Zellentür zurück treten und sich mit ihrer Gefangenennummer melden. Der nummerierte Mensch, ohne Namen, würdelos.

Rund 400.000 Insassen von Konzentrationslagern wurde ihre Identifikationsnummer eintätowiert. Viele Überlebende trugen ihre Zahl bis zu ihrem Tod sichtbar auf ihrer Haut, als Mahnmal. Andere haben sie versteckt oder auch entfernen lassen.

Im 19. Jahrhundert war Minna, eine Kurzform von Wilhelmina, in Preußen ein überaus beliebter Vorname. Damals hießen nicht nur viele Dienstmädchen so, sondern auch alle anderen wurden einfach Minna gerufen – ob sie nun Johanna, Hildegard oder sonst wie hießen. Damit machten die Herrschaften den Bediensteten auch klar, dass sie in ihren Augen keinen Wert, bzw. Stand hatten. Die Dienstmädchen wurden nicht einmal für würdig befunden, bei ihrem Taufnamen gerufen zu werden. Die Minnas mussten es sich auch gefallen lassen, oft wegen nichts von Dienstherr oder -herrin zusammengestaucht zu werden. Daher die Redewendung „zur Minna machen": grob ausschimpfen, zurechtweisen.

Und so kommt es, dass auch Männer manchmal richtig zur Minna gemacht werden.

Sei du du!

PNG stand auf der Baseball-Kappe, die der Pastor von seinem Aufenthalt in Papua-Neuguinea mitbrachte. Peter Nikolaus Godzik – das passte, auch wenn Peter mit dem zweiten Vornamen „nur" Klaus hieß.

In der Konfirmandenarbeit hat Peter zu Beginn des Unterrichts immer viel Zeit damit verbracht, die Bedeutung der Vornamen kennenzulernen. Manche sind göttlich: Johannes: Gott ist gnädig. Irmgard: Von Gott Beschützte. Simon: Gott hat erhört. Michael war immer sehr stolz auf seinen Namen und trommelte bei der Frage auf seine Brust: „Wer ist wie Gott? Ich, Michael!" Pastor Peter gab ihm zu bedenken, dass eine Person allein nicht wie Gott sein kann. Dazu braucht es wenigstens eine Ergänzung, eine Michaela. Frau und Mann zusammen sind Ebenbild Gottes.

Peter gehört inzwischen zu einer Lerngruppe von Ehrenamtlichen in der Hospizarbeit. „Wir bilden einen offenen Kreis. Eine oder einer von uns tritt hervor, grüßt durch eine Geste die anderen mit den Worten ‚Ich bin …' und nennt dabei ihren bzw. seinen Namen. Und die Gruppe antwortet mit der Übernahme der Grußgeste und dem lauten Aussprechen des Namens: ‚Du bist …' So prägen sich uns die Namen ein, die wir mit Gesichtern und vor allem einer bedeutsamen Geste verbinden. Angelika, die Engelhafte, zeigt zum Beispiel mit dem rechten Finger zum Himmel. Dorothea, Gottes Geschenk, hält die Hand aufs Herz. Manfred, der Mann des Friedens, umarmt mit beiden Händen den Oberkörper. Margot, die Perle, lacht strahlend.

Renate, die Wiedergeborene reckt die Arme hoch. Indem wir einander den Eigennamen zusprechen, erinnern wir uns an die befreiende Zusage Gottes, uns auch und gerade in Todesgefahr bei unserem Namen zu rufen. ‚Kennt auch dich und hat dich lieb', singen wir in dem Volkslied ‚Weißt du, wie viel Sternlein stehen'."

Unser Rufname sagt uns, wozu jede/r von uns berufen ist: Mensch, sei du der, der du bist. Alle anderen gibt es schon.

Schall und Rauch?

„Name ist Schall und Rauch". Dieser Spruch Goethes gibt zu denken, erst recht, wenn man bedenkt, wie viele Juden namentlich durch den Schornstein gegangen sind. Da nutzten ihnen auch keine deutschen Vornamen wie Friedrich, Gisela, Heinrich oder Hilde. Sie wurden gezwungen als zweiten Vornamen Israel (für Männer) und Sara (für Frauen) zu führen und eintragen zu lassen. Ab 1938 durften die Juden ihren Kindern nur noch Namen geben, die auf der Liste aufgeführt waren. Und das waren keineswegs typische oder populäre Namen in der damaligen jüdischen Bevölkerung in Deutschland. Vielmehr dienten die Namen dazu die so Genannten zu brandmarken. Allen anderen waren diese diskriminierenden Namen verboten.

Als die Jüdin Esther 1928 unverheiratet schwanger wurde, musste sie auf die Schnelle „verkauft" werden, notfalls auch an einen „Deutschblütigen". Der bekam von der wohlhabenden Familie einen ordentlichen Batzen Bares. Das Kind bekam den Namen Siegfried und wurde in aller Eile getauft. Siegfrieds „Vater" war damals bereits bei der NSDAP und wurde später sogar Gauleiter. Aber er schützte das „Kuckucksei" samt angeheirateter jüdischer Familie, die sonst ins KZ deportiert worden wäre.

Hinter so manchem Namen steckt eine unglaubliche Geschichte. Nicht zu glauben, wie tief die Angst auch noch bei den Nachkommen der Deportierten sitzt. So steht auf dem Briefkasten der Name der Ehefrau, und nicht der des Mannes: Goldschmidt. Und das 75 Jahre nach dem Holocaust.

Name und Nummer wurden ausgelöscht, der Mensch verbrannt, ging in Rauch auf. In Gedenkstätten stehen ihre Namen eingraviert. Bei Gedenkfeiern werden ihre Namen genannt. Der Name wird zu Schall, zu einer schallenden Ohrfeige für alle, die behaupten: Name sind nur Schall und Rauch.

Wo die Liebe hinfällt

„Ich heiße Dominik, aber hinten mit k." Darauf hatte der junge Mann schon mehrere hundert Mal hingewiesen. Dominik war kaum achtzehn, als eine Kellnerin ihm Kopf und Kragen verdreht: „Kristine, aber vorne mit K." K hinten und K vorne, aber K und K hießen weder Kaiser noch König. Kristine hatte gehofft, ihren Namen Von Hinten bei der Hochzeit ablegen zu können. Nun aber hieß sie Viehmann, aber immer noch besser als der hintersinnige Doppelname: Von Hinten-Viehmann. Ein Schelm, der Böses dabei denkt.

Manche Paare ergänzen sich nämlich ganz gut: Kurz-Lang, Sommer-Winter, Ochs-Stier, Hunger-Knobloch, Radler-Fahr. Er fuhr mit seiner Braut auf dem Fahrrad zur Hochzeit. Sie lenkte.

Wo die Liebe hinfällt, ist sie fällig. Zufällig haben Sibylle Süß und Samuel Sauer sich kennen gelernt, als sie sich im Laden eine Tafel Bitter-Schokolade kauften. Zu süß ist nichts, sind sich beide einig und stürzen sich gemeinsam auf die Schwarzwälder Kirschtorte mit Sauerkirschen. Und beim Schlafengehen wünschen Sibylle und Samuel einander: „Träume süß von sauren Gurken." Ein traumhaftes Paar ist auch Schluckebier – Trautwein, erst recht für eine Getränkehandlung.

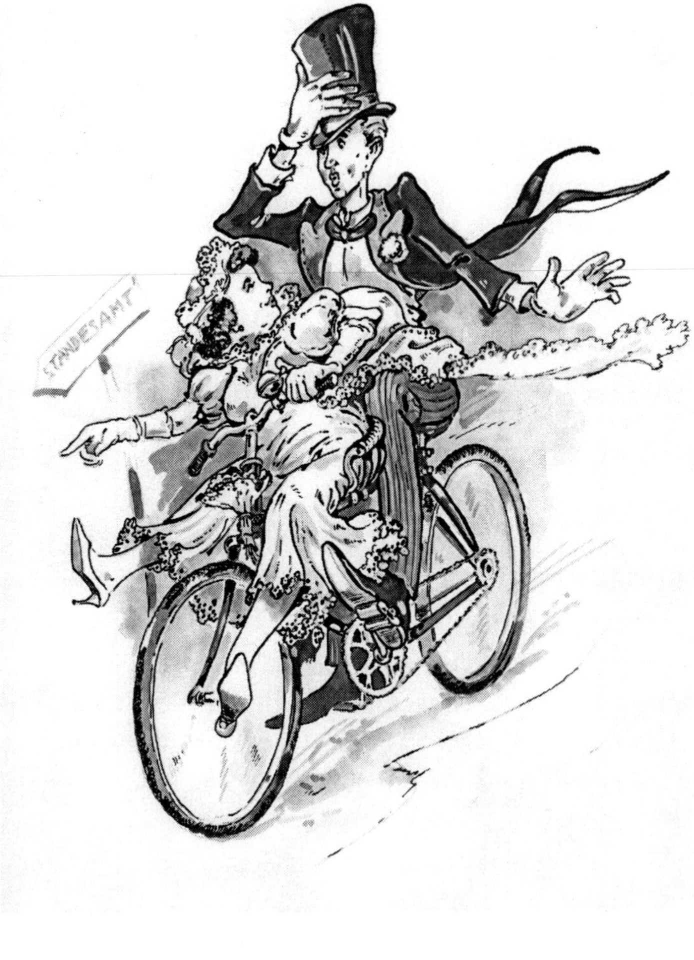
STANDESAMT!

Oh Maria

Die Namen der neun Töchter von Maria Theresia fingen alle mit Maria an. Auch in bürgerlichen Kreisen war der Name Maria allgegenwärtig. Selbst Jungen tragen als Zweitnamen Maria oder heißen Jean Marie und José Maria. Mario und Marius sind ebenso mit Maria verwandt. Aber keine Frau heißt Maria Josef! Der brave Mann stand auch nie auf einem so hohen Podest wie die seligste Jungfrau Maria. Die reine Magd wurde natürlich unbefleckt von jedem Makel der Erbsünde im Schoß ihrer Mutter empfangen. Man (Mann) hat Maria sublimiert, sie zur Himmelskönigin, ja sogar zur Mutter Gottes gemacht.

Als Gegenbild zur keuschen Maria gilt Maria Magdalena, die stadtbekannte Sünderin. Die Vermutung, dass eine erotische Beziehung zwischen ihr und Jesus bestand, ist schon alt. War sie seine Frau? Sein 12. Apostel? Maria aus Magdala war angeblich die erste, die Jesus bei der Auferstehung gesehen hat. Es wird gemunkelt, dass er sich mit ihr aus dem Staub gemacht haben soll. Jesus und Maria Magdalena – eine unendliche Geschichte, die immer noch Männerphantasien beflügelt.

Maria, Mirjam bedeutet die von Gott geliebte, mea domina, ma donna auf Italienisch. Madonna, die Pop-Ikone, ist noch einmal eine eigene Übersetzung der Jungfrau Maria. Das junge Mädchen soll als Vollwaise dem frommen Josef anvertraut gewesen sein. Im hohen Alter war der Vormund jenseits der Fleischeslust, aber Maria wurde schwanger. Die Jungfräulichkeit zu verlieren, ohne von einem Mann berührt worden zu sein, das ist bitter. Das hebräische MIR heißt ja auch die Bittere. Mirjam wurde „die Mutter der Schmerzen". Ein besonders bitterer Beiname für eine Madonna.

Die Mutter von Maria hieß Anne. Annemarie: Mutter und Tochter in einem Namen. Marianne dreht die Reihenfolge um. Als Nationalsymbol der Französischen Republik stellt Marianne alles auf den Kopf, geht auf die Barrikaden. Die Flagge des Volkes schwenkend kämpft die junge Frau barbusig für Freiheit, Gleichheit und Brüderlichkeit. Bei der Revolution rollt auch der Kopf von Marie Antoinette, die Tochter von Maria Theresia.

Aus Nummern werden Namen

Meine Frau liegt schon stundenlang in Wehen. Hilflos stehe ich neben ihr – und auch ein Stück weit neben mir. Endlich ist es so weit. Ein Mensch kommt zum Vorschein. Unser Kind. Ein Mädchen! Kurze Zeit später merkt die Hebamme, dass mit meiner Frau etwas nicht stimmt. „Hanoi, da isch no ebbes." Dann geht alles so schnell und schon hält der Arzt unsere zweite Tochter in Händen. Die große Schwester hatte den Weg für ihr Schwesterchen freigemacht. Beide waren von Anfang an ein Herz und eine Seele, denn die Ärztin hatte immer nur einen Herzton gehört.

„Wie sollen eure Mädchen heißen?", fragt uns der Arzt. Wir aber sind immer noch sprachlos. Innerhalb von sechs Minuten sind wir eine vierköpfige Familie geworden. Wir hatten an eine Anne oder an einen Jan gedacht, aber doch nicht an zwei Mädchennamen. Man gibt uns Bedenkzeit bis zum nächsten Tag. Unsere Kinder bekommen solange ein Armbändchen: Ceelen 1 – Ceelen 2. Abends rufe ich meine Mutter an, um ihr die frohe Botschaft zu verkünden. Sie kann nicht glauben, dass es zwei sind: „Ach Junge, du hast sicher zu tief ins Glas geschaut und siehst alles doppelt. Geh ins Bett und ruf morgen noch mal an!" Am nächsten Tag aber sind es immer noch zwei. Jede der beiden Nummern bekommt nun ihren Namen: Anne und Katrin.

Anne bedeutet: Gott war gnädig. Er hat uns auf einmal zwei Kinder geschenkt – und meiner Frau eine Schwangerschaft erspart. Katrin, „die Reine", wurde als zweite geboren, soll aber die Ältere sein, weil sie zuerst gezeugt wurde. Aber das ist reine Theorie.

In der Praxis haben Zwillinge schon Vorteile. Katrin sprang beim Turnen für Anne über den Bock. Dafür sprang Anne für Katrin bei der Mathe-Prüfung ein.

Kein Betrug. Nur ein Versehen – des Lehrers. Ich habe auch lange gebraucht, um beide auseinander zu halten. Und wenn ich am Telefon höre, „Papa, ich bin´s!", kann ich nur raten: Katrin oder Anne?

Angela (B)engel

Nicht jede Frau, die Angela heißt, muss ein Engel sein. Das weiß niemand besser als Norbert Röttgen, Christian Wulff, Roland Koch und Co – auch wenn die meisten Deutschen Angela Merkel „Mutti" nennen.

Angelika bedeutet: die Engelhafte. Manche Angelika hat wirklich etwas von einem Engel, sogar noch die Engelslocken. Engel locken. Engel gehört zu der Topliste deutscher Familiennamen. Wenn ein Mensch namens Engel einem anderen ein Engel ist, tut er seinem Namen alle Ehre an. Ein Engel gibt dem Bruder eine Niere. Angelika Engel bereitet den Obdachlosen ein „englisches Frühstück": Rührei mit Schicken und Würstchen. Anke Engelke gründete den „Chor der Muffeligen". Über das Singen wurden sie glücklicher. Natürlich kann jemand auch Engel heißen und ein Bengel sein. Umgekehrt ist ein Mensch mit dem Namen Teufel vielleicht ein Geschenk des Himmels.

Eng verwandt mit dem Engel sind Engelhardt, Engelbert, Engelbrecht, Engels. Und dann nennt mancher Mann seine Frau noch Engel. Auch Männer tragen den Engel in sich. Gabriel, Michael, Raphael, Ariel, Uriel. Unabhängig von ihrem Namen werden Babys oft Engelchen genannt. Zu Recht. Denn jedes Neugeborene kommt vom Himmel und zeigt, dass der Herrgott noch Freude am Menschen hat.

Hilfe!

Das erste Kind bekommt meistens den Lieblingsnamen der Eltern. Beim zweiten oder dritten wird die Wahl schon schwieriger. Und die Geschwisternamen sollen miteinander harmonieren. Viele suchen Hilfe im Internet. „Habe einen Sohn, der Damian heißt. In vier Monaten bekomme ich einen Jungen." – „Suche einen passenden Mädchennamen zu Mireille" – „Brauche dringend Hilfe! Welcher Jungenname passt zu Corinna und Annika? Es soll ja ein Name sein, der nicht jeder hat und zu den Geschwistern passt und er muss weich klingen wie die anderen." Manche machen es sich offenbar zu einfach: Gino und Gina – Eric und Erica – Ingo und Inga. „Das hat doch keinen Stil! Wenn etwas gut zusammen passt, heißt es ja nicht, dass sich alles exakt gleichen muss!"

Früher gab es kein Internet. Da haben die Eltern sich bei der Namenssuche noch mehr auf ihr Gefühl verlassen. Oder er wurde ihnen schlichtweg eingegeben. Damals wusste man auch noch nicht im Voraus, ob es ein Junge oder ein Mädchen wird.

Merkwürdig: Zwei Ehepaare haben in der Zeit der Schwangerschaft die gleichen Namen ausgewählt für ihren Nachkömmling. Wenn's ein Junge wird Andres, Judith, wenn's ein Mädchen wird. Ohne Absprache, reiner Zufall. Beim Ehepaar P. wurde es dann ein Junge, Andres, und beim anderen ein Mädchen, Judith. Zwei Jahre später gibt es in beiden Familien wieder Nachwuchs, doch diesmal ist es dann umgekehrt: Andres bekommt eine kleine Schwester Judith. Und Judith einen Bruder Andres. Beide Judiths, beide Andres sind inzwischen erwachsen und haben den passenden Partner gefunden. Stell dir vor: Ohne Internet!

Mein Name ist Mensch

Für einen Opernsänger gibt es schönere Namen als Schreier. Und warum will Sigi Sargnagel ausgerechnet Bestatter werden? Und Bernd Bigott Pfarrer? Ist es der innere Ruf, der Menschen zu ihrem Beruf beruft? Trotzdem wäre ich an der Stelle von Knut Knochenbrecher-Von Hinüber nicht Orthopäde geworden, eher Boxer. Und Ludwig Lottermann wird als Chef der Top-Clean-Firma wohl auch nicht glücklich.

Michel Schrott versuchte im hohen Alter noch seinen Namen durch die Heirat mit Gloria Glanz aufzupolieren, aber der Lack war ab. Doktor Theo Tod ist auch nicht viel besser als Walter Würgt. Was haben manche nur angestellt, um zu einem solchen Namen zu kommen: Wilhelm Sabbert, Dorothea Notdurft, Hartmut Klohocker, Konstantin Hölldampf, Alexandra Säuferlin, Freifrau von Frohboese.

Es geht nichts über einen guten Namen. Und ich kenne keinen besseren als Mensch. Was gibt es Schöneres als wenn wir am Ende eines Lebens von jemandem sagen: „Er war ein Mensch."!? Gegen diese menschliche Auszeichnung verblassen alle Titel, Orden, Verdienstkreuze.

Auch wenn ich den Namen des höchsten Heiligen trage, so weiß ich doch, dass Petrus auch nur ein Mensch war. Und was für einer! Ein Hitzkopf, große Klappe, aber im entscheidenden Moment klitzeklein. Ein übermütiger Angsthase, ein bekennender Leugner, ein gläubiger Zweifler, ein schwankender Fels. Ein komischer Heiliger, eine sonderbare Schlüsselfigur.

Doch du mein lieber Patron Petrus erschließt mir meine Widersprüche. Und du hältst uns den Himmel offen – uns, die wir bei allen namentlichen Unterschieden dennoch einen gemeinsamen Nenner haben: nämlich den Namen Mensch.

Petrus Ceelen, geb. 1943, war dreißig Jahre Seelsorger für Gefangene, Aidskranke und Drogenabhängige im Großraum Stuttgart.

Die Bücher und Kalender auf dieser Seite erschienen beim Kath. Bibelwerk Stuttgart:

Auf einen Espresso

365 Inspirationen für das Jahr – für das Leben
2. Auflage. ISBN 978-3-460-30248-8

Den Abschied buchstabieren

Das Zeitliche segnen
ISBN 978-3-460-30246-4

Du fehlst mir

Gespräche mit Verstorbenen
ISBN 978-3-460-30244-0

Wachsen wie die Steinpalme

Sein Schicksal annehmen
ISBN 978-3-46-30247-1

Bei sich zuhause sein

Gespräche zwischen Himmel und Erde
ISBN 978-3-460-30245-7

Zunehmen erwünscht

Der Fastenkalender
ISBN 978-3-460-27137-1

Zuletzt erschien bei Dignity Press:

Petrus Ceelen

HALT DIE OHREN STEIF

99 Friedhofsgeschichten

mit Zeichnungen von Karl Bechloch

Dignity Press
World Dignity University Press

HALT DIE OHREN STEIF
99 Friedhofsgeschichten

April 2014, 127 Seiten
ISBN 978-1-937570-47-7

„Ich habe schon lange nicht mehr so gelacht, Petrus, wie beim Lesen deiner Friedhofsgeschichten."

Lightning Source UK Ltd.
Milton Keynes UK
UKOW04f1530281214

243667UK00002B/42/P

9 781937 570569